1万人の
大家さんの
結論！

生涯現役で稼ぐ「サラリーマン家主」入門

永井ゆかり 著
渡邊浩滋 監修

プレジデント社

はじめに　なぜ今、「家主業」が注目されるのか

長寿化と年金不安

人生100年時代――。そんな言葉が現実味を帯びている。厚生労働省が発表した2018年の平均寿命は男性81・25歳、女性87・32歳で過去最高を更新。内閣府が公表した「平成30年版 高齢社会白書」によると、2065年には男性は84・95歳、女性は91・35歳になるという。

長寿といえば60歳の還暦から始まり、70歳の古希、77歳の喜寿、80歳の傘寿、88歳の米寿に90歳の卒寿など、その節目に「長寿祝い」を行う。こうした風習があるように昔から長寿は「おめでたい」こととされている。だが、昨今のわが国では長寿を手放しでは喜べない状況になりつつある。

総務省の「家計調査報告（貯蓄・負債編）―2018年（平成30年）平均結果―（二人以上の世帯）」によると、世帯主が60歳以上の高齢者世帯（世帯人数は2人以上）の貯蓄額は、平均値が2284万円、貯蓄保有世帯の中央値は1515万円となる（図表①）。この数値を見て、高齢者ではない人たちの中には「結構資産があって羨ましい」と思う人は少なくないだろう。それもそのはず、年代別の貯蓄額を見ると、70歳以上と60～69歳の年代がトップ2の資産額で共に2000万円を超えているからだ（図表②）。

図表❶ **高齢者世帯の貯蓄高の世帯分布**

（二人以上の世帯）―2018年

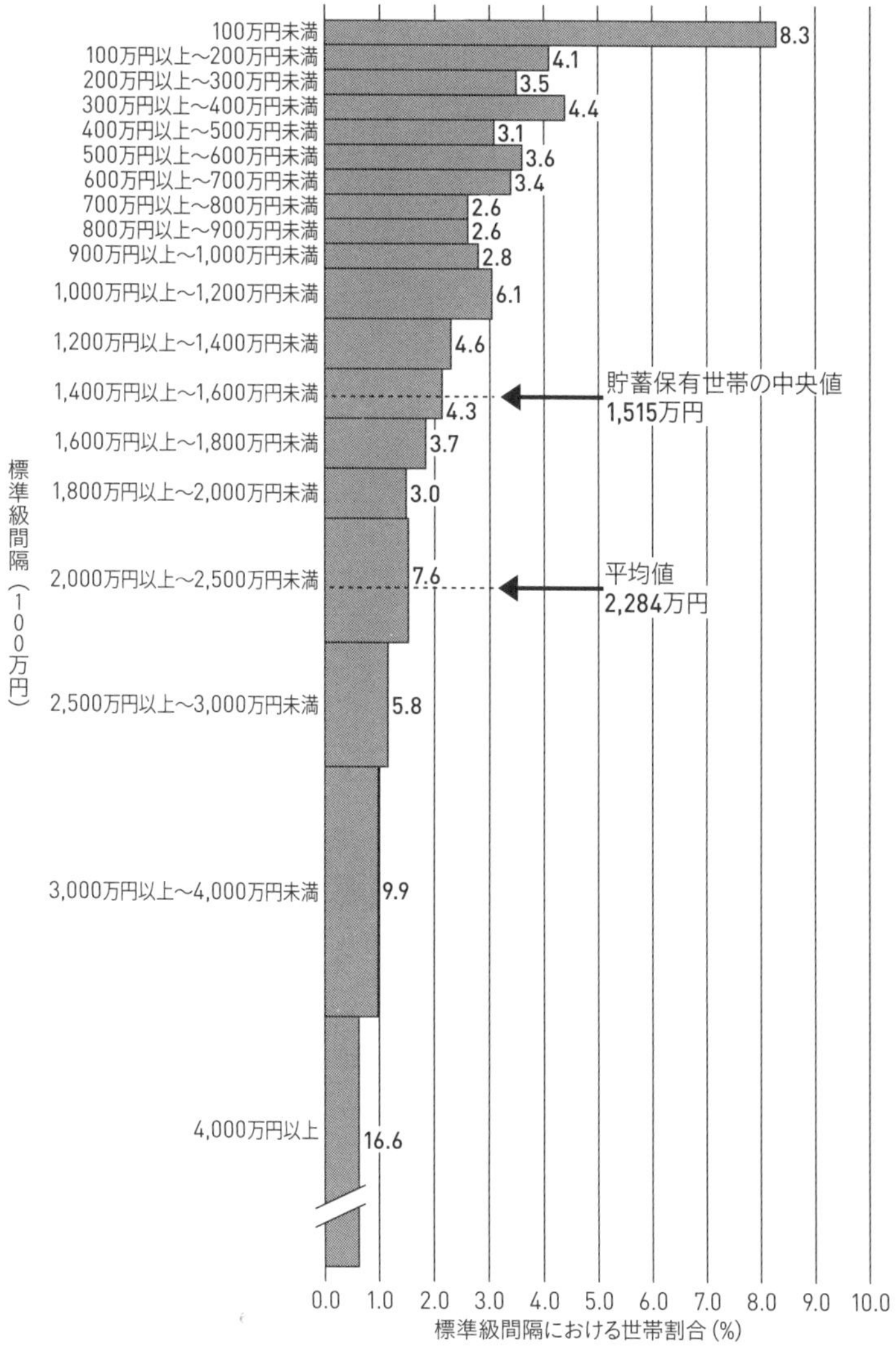

注）標準級間隔100万円（1,000万円未満）の各階級の度数は縦軸目盛りと一致するが、1,000万円以上の各階級の度数は階級の間隔が標準級間隔よりも広いため、縦軸目盛りとは一致しない。
出典：「家計調査報告（貯蓄・負債編）－2018年（平成30年）平均結果－（二人以上の世帯）」（総務省統計局）

一方、20代、30代、40代、50代の負債額は10年前と比べると増えている。「世帯主の年齢別貯蓄と負債及び持ち家率」の2008年と2018年の数値を比較してみると、30代は1329万円（516万円増）、40代は1105万円（151万円増）、50代は683万円（158万円増）だ。30代の負債額が特に増えているのは、持ち家率が64・3％で、10年前と比較すると10・9ポイント増加していることと関係しているだろう。低金利と住宅ローン減税の影響が大きいと推察できる。

さらに、これから高齢者になる年代については年金不安もつきまとう。以前から「年金破綻」についてはまことしやかに語られてきた。そんな中で、金融庁がまとめた「金融審議会　市場ワーキング・グループ報告書」が話題に上った。例の「老後2000万円問題」である。同報告書には、次のように書かれている。

「前述のとおり、夫65歳以上、妻60歳以上の夫婦のみの無職の世帯では（月々の実収入が20万9198円で実支出が26万3718円となるため）、毎月の不足額の平均は約5万円であり、まだ20〜30年の人生があるとすれば、不足額の総額は単純計算で1300万円〜2000万円になる。この金額はあくまで平均の不足額から導きだしたものであり、不足額は各々の収入・支出の状況やライフスタイル等によって大きく異なる。当然不足しない場合もありうるが、これまでより長く生きる以上、いずれにせよ今までより多くのお金が必要となり、長く生きることに応じて資産寿命を延

図表❷ 世帯主の年齢別貯蓄と負債及び持ち家率
(2008年と2018年)

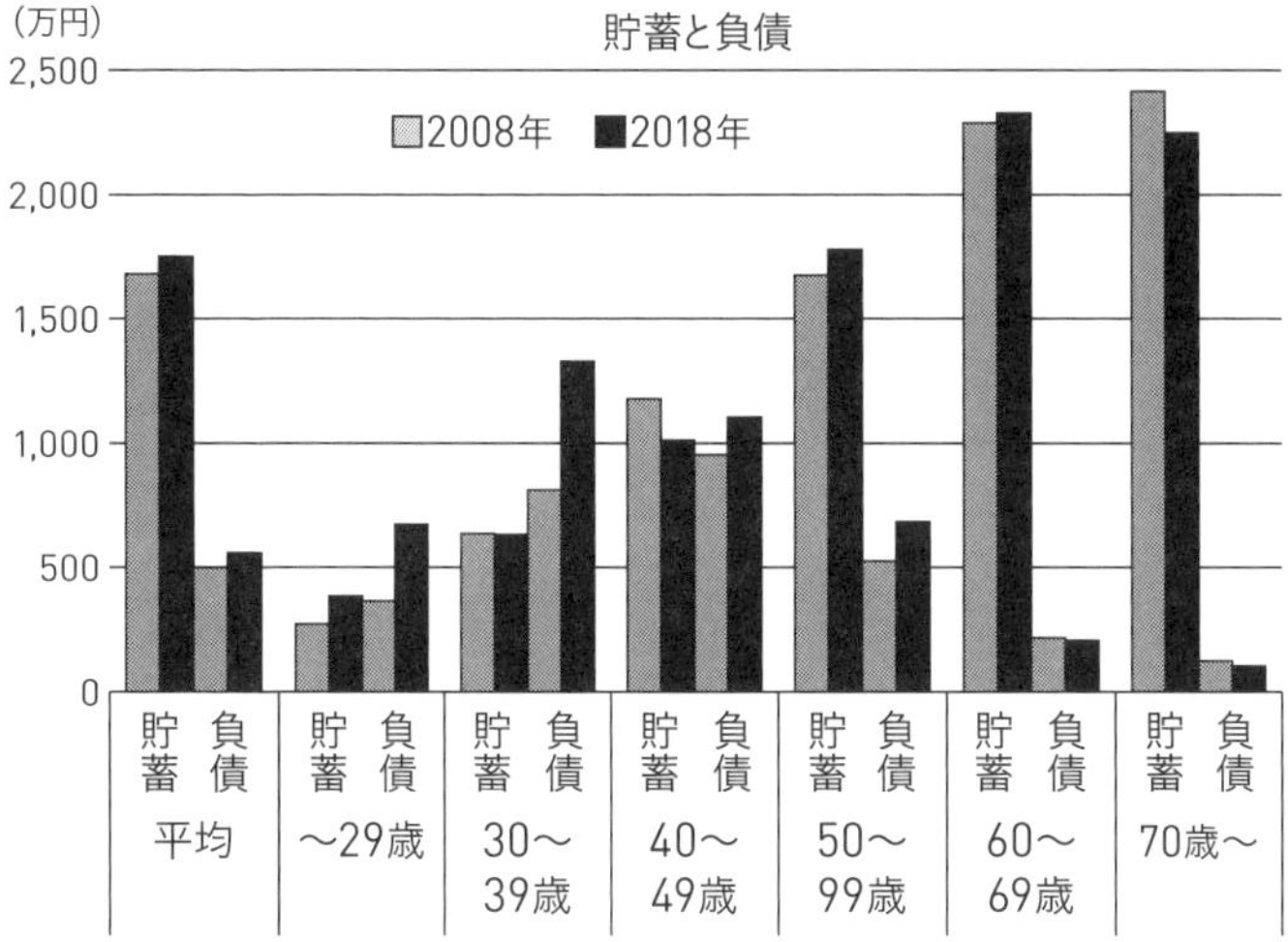

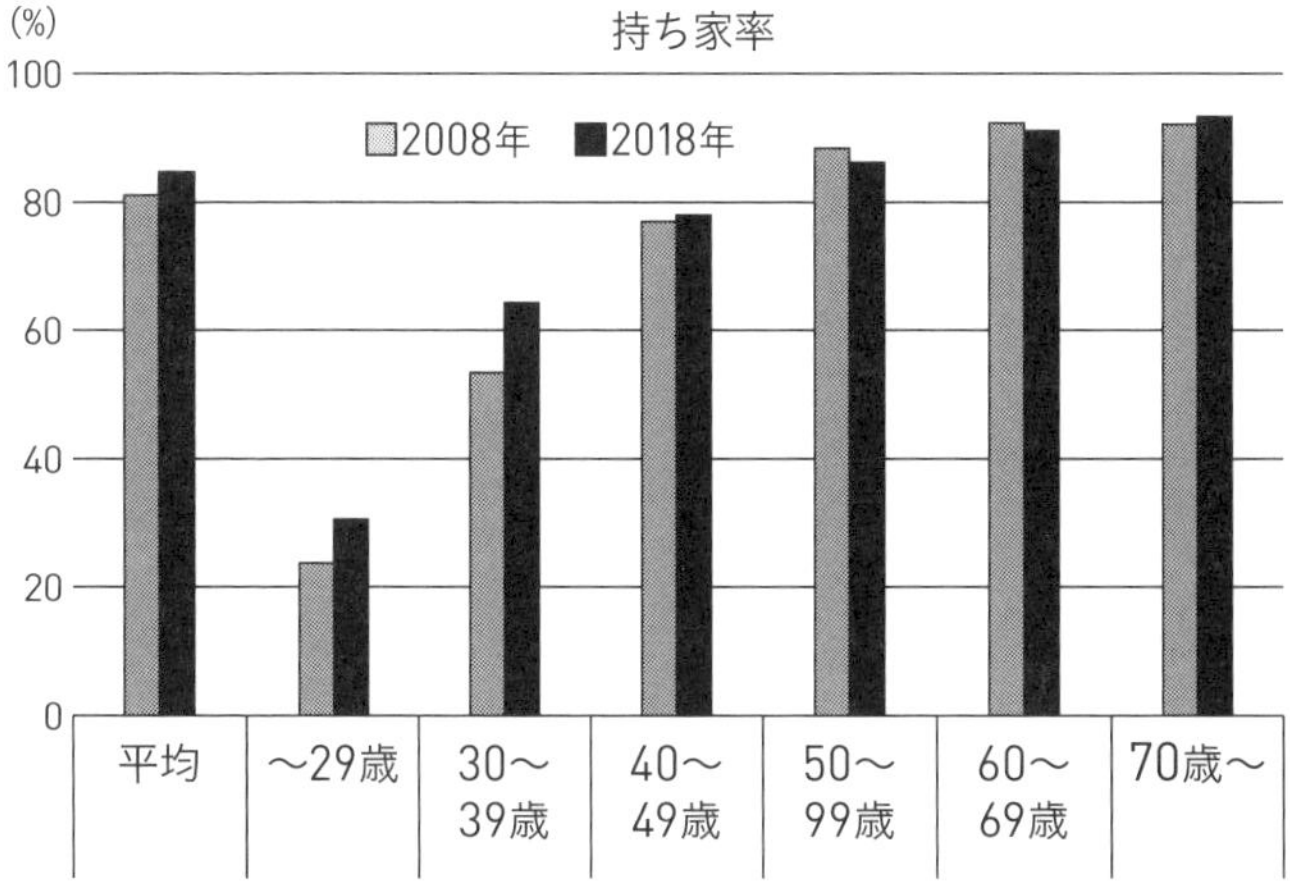

出典:「家計調査報告(貯蓄・負債編)ー2008年(平成20年)、2018年(平成30年)平均結果ー(二人以上の世帯)」(総務省統計局)より作成

ばすことが必要になってくるものと考えられる。重要なことは、長寿化の進展も踏まえて、年齢別、男女別の平均余命などを参考にしたうえで、老後の生活において公的年金以外で賄わなければいけない金額がどの程度になるか、を考えてみることである。」

同報告書の公表により、ご存じの通りテレビやインターネットでは「年金は何のために払っているのか」「これまで払わせておいて足りないとは何事だ」などという批判が集中。揚げ句には財務大臣が報告書を受け取らないと言い出し、大混乱状態となった。だが、冷静に考えれば騒いだところで、年金支給額が上がるわけではない。

さらに追い討ちをかけるように、２０１９年5月にわが国を代表するトップ企業のトヨタ自動車の豊田章男社長が「終身雇用を守っていくのは難しい局面に入ってきた」と発言。近年、終身雇用は崩壊しつつあったが、この豊田社長の発言にとどめを刺されたような印象を持った人も多いのではないか。いよいよ従来型の「働く」ことに対する常識を変えざるを得ない時代になってきた。

もう一つ深刻な状況がある。退職金についても、厚生労働省「就労条件総合調査」「賃金労働時間制度等総合調査」を見るとわかるように、驚くほど減少しているのだ（図表③）。大学・大学院卒の場合、２０１７年の平均給付額は１９９７万円だったが、その額は10年前と比べて４９４万円、20年前と比べると１２０６万円も減っている。

図表③ 平均退職給付額（全規模）の推移

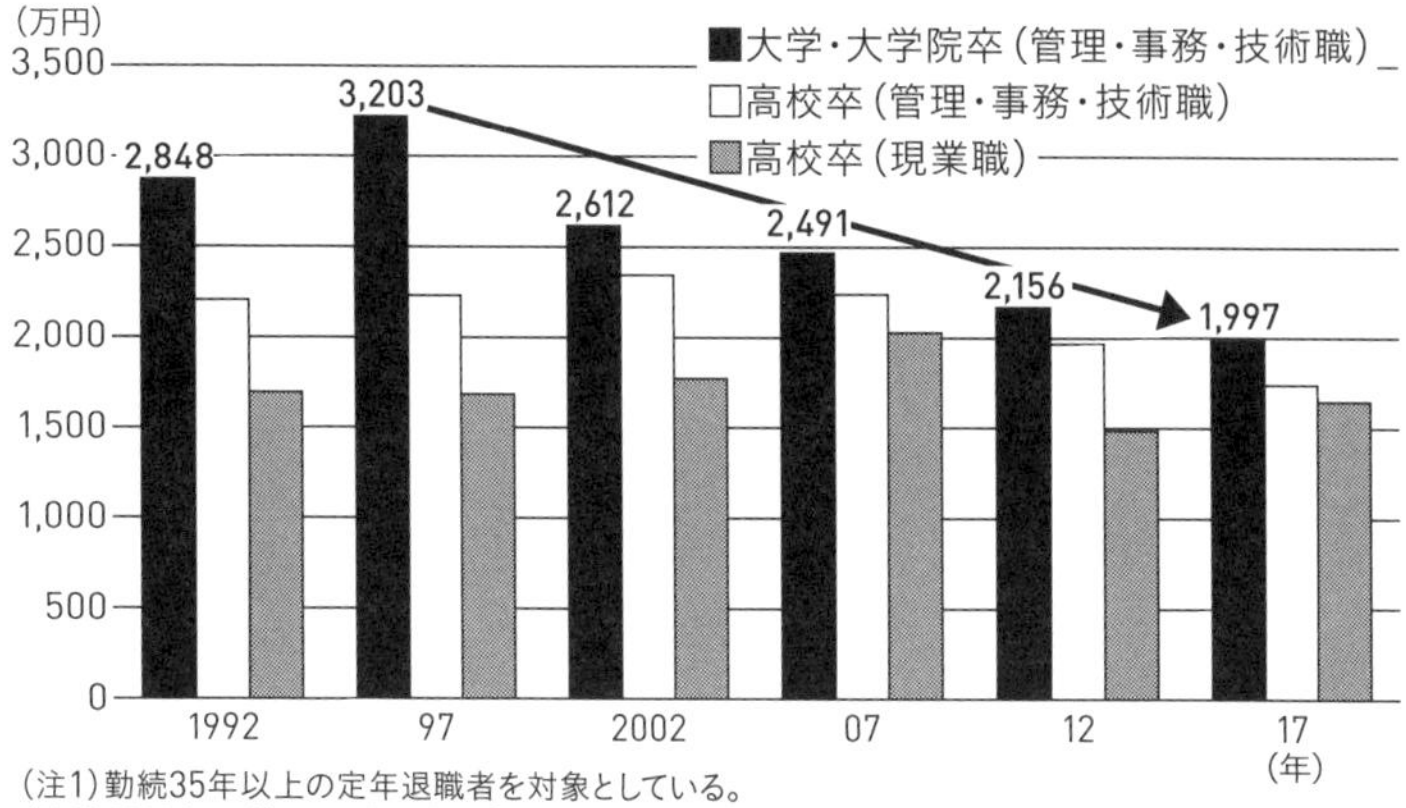

（注1）勤続35年以上の定年退職者を対象としている。
（注2）2002年以前は、調査対象は「本社の常用労働者が30人以上の民営企業」であるが、2007年以降は「常用労働者が30人以上の民営企業」に範囲が拡大されている。
出典：「就労条件総合調査」、「賃金労働時間制度等総合調査」（厚生労働省）より作成

以上のような数字を見れば、今の現役サラリーマン世代が「老後不安」を抱かない方が不思議だろう。長生きすれば、医療費もかさむし、介護費も必要になる。人生を最後まで謳歌するためには、高齢者になる前に先立つ資金や収入を得る方法を準備しておくことが重要なことは火を見るよりも明らかだ。

「かぼちゃの馬車」事件やスルガ銀行不正の背景

では、どのように老後の資金をつくり出していくのか。

「老後2000万円問題」が話題になってから、証券会社が忙しいそうだ。「個人型確定拠出年金（iDeCo）」や「少額投資非課税制度（NISA）」、投資信託商品などの問い合わせが増えてい

るからだ。資産運用といえば、株や投資信託は王道だろう。だが、経済はもちろん、政治など環境に影響される部分が大きく、確実に資産を増やすのは簡単ではない。

そこで数年前から注目されているのが「不動産投資」だ。書店に行けば、今や「不動産投資」の専用棚が用意されるほど多くの書籍が並んでいる。不動産投資で成功したという家主の体験談から不動産会社によるハウツー本、税務の解説や賃貸経営にまつわる法律の専門書籍など多岐にわたる。

だが、不動産投資と聞いて、怖いというイメージを持つ人は少なくないだろう。クリーンなイメージを持ちにくい不動産業界はトラブルも少なくないからだ。昨今でもシェアハウス「かぼちゃの馬車」の投資トラブルはテレビや新聞、週刊誌などに事件として大きく取り上げられた。不動産投資ができるほどの資産がない大半の人たちが、高値のシェアハウスをフルローンで購入したものの、運営会社が販売時に話していた家賃では入居者が集まらず、破綻。残ったのは多額の借金と収益性が低いシェアハウスだけ。融資したスルガ銀行も同シェアハウスを含む収益不動産に不適切な融資を行ったことで、金融庁から行政処分を受けたが、1000人ほどのオーナーの大半がローン返済の目処が立たずに今も苦しんでいる。

私は、2018年5月から8月まで当社が発行する「週刊全国賃貸住宅新聞」に「シェアハウスの投資検証」という連載を10回にわたって書いた。このような事件が起きた背景は何か。ポイントは次の4つ。❶マイナス金利、❷長寿化、❸身近になった不動産投資、❹サブリースで安定収入だ。

まず、❶は、2016年に日銀がマイナス金利を発動したことにより、金融機関は融資を積極的に行わないといけなくなった。その時にスルガ銀行をはじめ地銀がこぞって目を付けたのが、個人の不動産業への貸し付けだった。担保が取れる不動産は、融資しやすかったからだ。当時、いくつかの地銀の融資額が、本社のある地元よりも、東京にある支店の方が多いという話をよく耳にしたものだ。その中でもスルガ銀行は群を抜いていた。スルガ銀行はサラリーマンに対し、他行が金利1〜2％前後で融資していたときにそれよりも高い4・5％だったが、年収に応じてフルローンで融資した。取材したある年収1500万円の「かぼちゃの馬車」オーナーには3億円の融資枠が設定された。そんな融資枠を提示されたため、そのオーナーは「かぼちゃの馬車」を2棟も買ってしまった。

さらに、❷の長寿化と年金不安によって老後の生活への不安が一層強くなっているサラリーマンにとって、❸の不動産投資で成功をしている人たちの話を書籍で見かけたり、セミナーで聞く機会が増えた。しかも本を出している人の中には「主婦」「中卒」「高卒」という簡単に融資が引けないような属性だったり、「たった1年で」という短期間で家賃収入を数千万円得られたという話だったりと、「自分でもできるのではないか」と感じさせる空気があった。とはいえ、サラリーマンとしての仕事が忙しいと、片手間で不動産取得後の賃貸経営は難しいという懸念材料はある。

そこで、❹の「サブリース」という便利な仕組みがその不安を払拭した。サブリースとは、運営会社がオーナーから1棟丸ごと借り上げることで、家主は空室による家賃収入の減額リスクが回避できるばかりか、自分の代わりにシェアハウスの管理・運営をしてくれるという一見便利な仕組みだ。だが、サブリースにもデメリットはある。後述するが、最初に提示された家賃で長期間借り上げてもらえるわけではない。入居状況が悪ければ、予想以上に家賃を下げられるリスクがあるのだ。

周知の通り、スルガ銀行は金融庁から行政処分を受け、信用が失墜。2019年11月に発表した2025年度までの中期経営計画では、22年度時点で新規融資額はピーク時（15年度）の3割まで減る。「かぼちゃの馬車」の運営会社は経営破綻し、破産。サブリース家賃は絵に描いた餅で、倒産3カ月前の実態は入居率が3割。そんな収益性が低い建物を他社がサブリースをするメリットはなく、家賃も下げざるを得ない。売却しようにも、相場よりも高く買っているせいで売れても多額の借金が残る。

今、苦しめられている「かぼちゃの馬車」オーナーに共通するのは、ロクに不動産投資や賃貸経営について学ぶこともせず、シェアハウス販売業者のセミナーや営業マンと化した知人の甘い言葉に夢を見て買ってしまったことだ。無論、「かぼちゃの馬車」に限っていえば、銀行も業者と結託していたという不正もあったし、不動産業界に精通していないとわからない取引もあった。それだけに不動産投資をする際にはかなりの勉強と情報網が必要なのだ。

「不動産投資」ではなく「家主業」が老後の助けとなる理由

「かぼちゃの馬車」の事件を見ると、不動産は投資額が大きく、しかも失敗すると多額の借金を抱えるリスクがあるため、資産運用の候補から除外したくなるかもしれない。そこで注意したいのは、不動産投資という言葉だ。不動産投資とは本来、購入した不動産を売却した時に儲ける方法である。その点においては、株式投資と似ているかもしれない。だが、本書で紹介するのは、不動産投資ではなく「家主業」という事業だ。事業として収益不動産を運用し、利益を得るという手法を紹介する。

一般的によく目にするのは、投資用ワンルームマンションの広告だろう。そこには、「私的年金」などという表記を目にすることがある。毎月の家賃収入が、年金のように入ってくるからだ。マンション投資の場合、仮に1戸を購入すると、家賃収入は100%か0%しかないが、アパートやマンション1棟など集合住宅を所有すると、複数戸あるため、どの程度の入居率であれば採算がとれるのかが重要になってくる。10戸のアパートの場合、8戸入居者がいれば、入居率は8割、10戸入居者がいれば満室となる。家主業としての収入（手取り）は、入居率に応じた家賃収入から借り入れの返済や管理費などの諸経費、税金を差し引いた金額だ。入居率が低いと収入を得られるどころかマイナスになる。時々勘違いする人がいるが、「家賃収入＝手取り収入」ではない。

家主業では、どれだけの期間「満室」状態を維持できるかが重要になってくる。入居期間は一般的な契約では2年。2年経たないうちに退去するケースもあるが、1年未満で退去するケースは稀。満室になると、設備のトラブルなどがない限り、それほどやることはない。そのため、サラリーマンでも管理会社に委託していれば両立しやすい。

ただし、退去が決まり、新規で次の入居者を募集し、契約するまでの期間は最も忙しい。どれだけ忙しいかの詳細は後述するが、ざっと挙げると1カ月前に退去通知が届いたら、原状回復といわれる内装の張り替えやハウスクリーニングの見積もりを確認し、同時に管理会社と入居募集の諸条件の確認を行う。募集が始まると、管理会社から条件交渉の連絡が入って対応に追われる。近年は申し込みがあっても、キャンセルもあり、契約するまでは気が抜けないのだ。

入居者がなかなか決まらず、空室期間が長期化すると、家賃の見直しやリフォームを検討する必要が出てくる。家賃を値下げするか、リフォームをするか、他の募集条件も緩和するかなどを検討しなくてはいけない。どの手法をとるかは経営判断となる。

無事入居者が決まり、満室になっても家賃の滞納が発生すると厄介だ。滞納督促を管理会社または家賃債務保証会社に行ってもらい、それでも家賃が支払われない場合は、明け渡し訴訟の手続きを行う必要がある。手続きは管理会社や家賃債務保証会社に依頼できるが、滞納されている期間は家賃が入ってこないばかりか、入居者募集もかけられない。

かねて「不労所得」といわれてきた「家主業」だが、こうしたリスクも当然ある。それでも、一度満室になるとしばらくは海外旅行に1カ月行っても支障がない経営スタイルも確立可能。動く部分はすべてアウトソーシングでき、家主の仕事は判断することと決め込んでいる人もいる。

つまり、家主業は投資ではないが、事業としての意識を持って経営すれば、時間に縛られることもなく自由な時間を有効に使うことができるのだ。しかも、住宅はいつの時代も必要とされる。持ち家率が高くなってはいるが、マイホームを持てない人やあえて賃貸暮らしを選択する人は必ずいる。衣食住の生活基盤である住宅を担う事業だけに、他の事業と比べてもやりやすさはあるだろう。

私がこれまで取材してきた家主たちの中には、サラリーマン時代からコツコツとお金を貯めて不動産を取得し、地道な経営により所有戸数を増やして、見事定年前にサラリーマンを卒業した人たちがかなりいる。定年前に退職して、老後も困らない資産をつかんだ人たちだ。こうした人たちを見ていると、やはり「家主業」は老後不安を解消できるほどの資産を増やせる方法だと思う。しかも、信頼できる管理会社とタッグを組めば、アウトソーシングできる部分が多い事業だけに、「生涯現役」で続けられ、収入も得られるというわけだ。

本書では、多くの方にこの「生涯現役で稼げる家主業」を知ってもらいたいと思い、不動産の購入から家主業の基本、成功している家主たちの多くの事例を紹介する。ぜひ、老後不安から解放されるヒントを本書でつかんでほしい。

CONTENTS

第3条　割安の　不動産には　ワケがある……115

第1章

「家主業」の基本を知る

「人口減少社会」突入でも「家主業」が有望な理由

家主業とは、住まいを人に貸すビジネスだ。住まいを借りてくれる人を探し、住んでもらい、その対価として家賃を受け取る。実にシンプルなビジネスといえる。そのため、これまでは他人に貸すことができる住宅さえあれば、誰にでもでき、しかも一度入居が決まれば、家賃滞納等のトラブルが発生しない限り、退去するまであまりすることはない「不労所得」ビジネスとして世間から認識されてきた。裏を返せば、他人に貸す家を持てる者、すなわち資産家のみができる、いわば「特権階級」の事業だった。

そんな家主業だが、「人口減少」「空き家増加」などが社会問題としてニュースで取り上げられると、これからは「安泰とはいえない」と思う人もいるだろう。確かに安泰ではない。安泰ではないのに、なぜ本書では家主業を「生涯現役」で稼げる事業として薦めるのか。

総体的に見れば、「人口減少社会」突入は一見、家主業にとって逆風に見えるかもしれない。しかし、社会の構造的な変化、人々の価値観やライフスタイル、ワークスタイルの変化の兆しに目を向けると、今後、家主業を取り巻く環境にも大きな変化が訪れ、これから家主業を始めようという人にとっては、知恵と工夫次第で開拓の余地は大きい。その理由を説明しよう。

図表1-①　総人口の推移　―出生中位・高位・低位（死亡中位）推計―

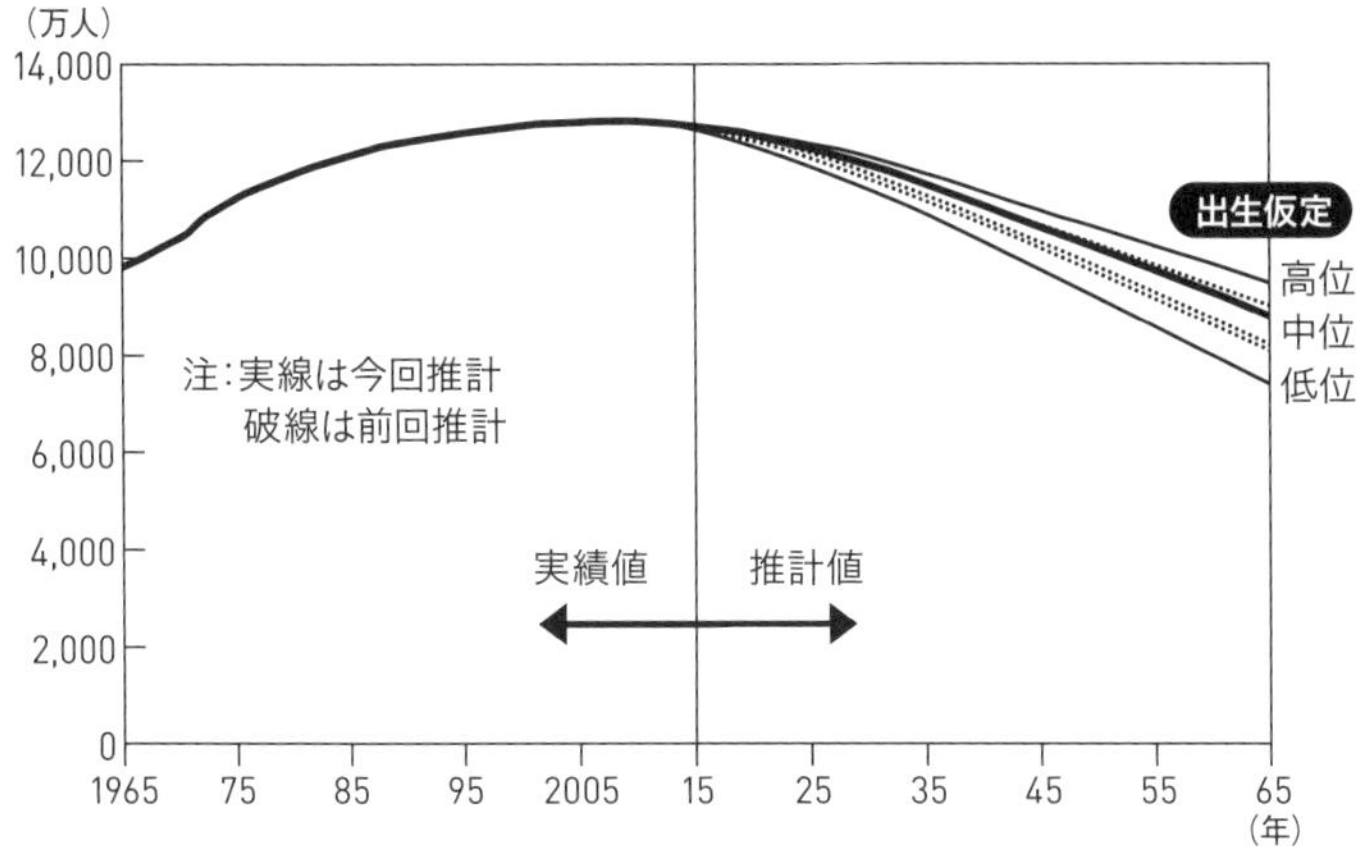

出典：「日本の将来推計人口」2017年（平成29年）推計（国立社会保障・人口問題研究所）

未婚者の増加で単身世帯は増加

まず、将来不安の根本的な要因の一つ、「人口減少」を示す人口動態の統計を見てみよう。国立社会保障・人口問題研究所の「日本の将来推計人口」によれば、2015年の日本の総人口は1億2709万人だったが、出生中位推計で、2040年には1億1092万人、2060年には9284万人、2065年には8808万人になるものと推計される（図表1―①）。

だが、家主業を営むに当たって重要なのは、人口以上に世帯数だ。特に単身世帯の住居といえば圧倒的に賃貸が多いため、単身世帯数の推計を確認しておくことは必要だろう。「日本の世帯数の将来推計（全国推計）」を見てほしい（図表1―②）。2020年には1934万世帯だが、10年後の2030年には2025万世帯とピークを迎

図表1-❷ 家族類型別世帯数及び単身世帯率の推移

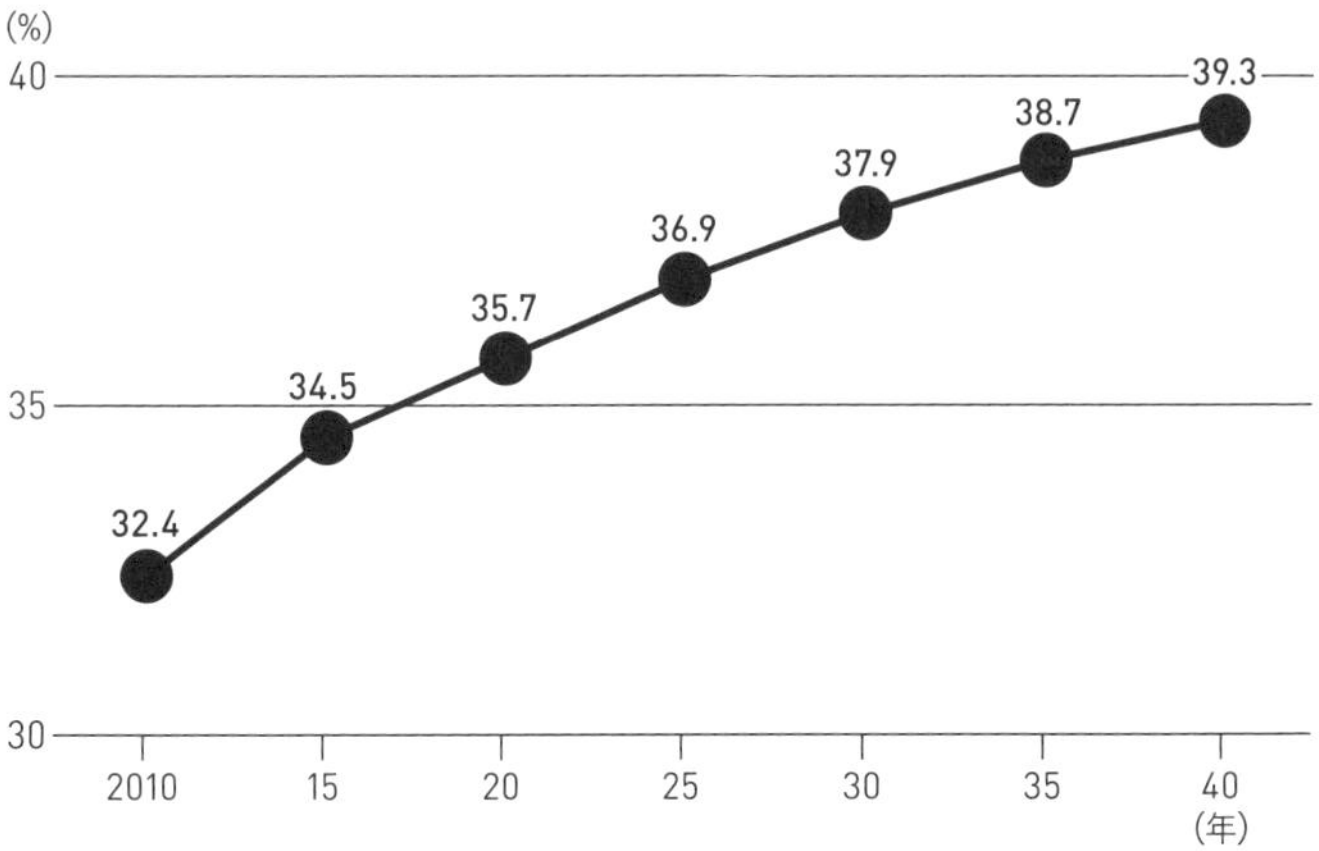

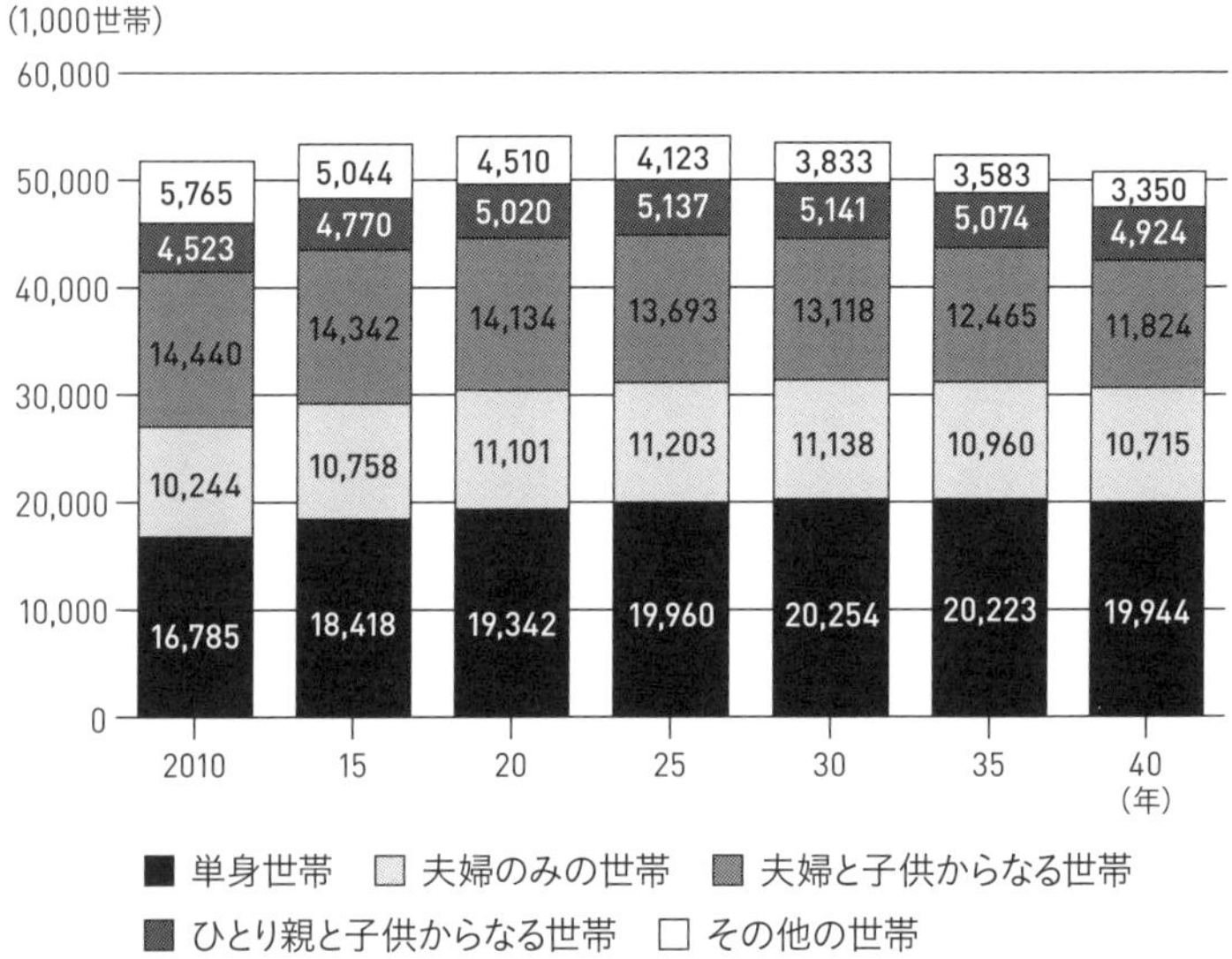

出典:「日本の世帯数の将来推計(全国推計)」2018年(平成30年)推計(国立社会保障・人口問題研究所)より作成

える。20年後の2040年についても1994万世帯と、高い水準で推移していくと予測される。

なぜ、単身世帯が増加していくのだろうか。最大の理由は高齢化だが、2つ目の理由は未婚者が増加していることだ。

「40歳以上の配偶関係別人口の推移」という統計を見てほしい（図表1―③）。40歳以上の未婚者及び死・離別者の数に着目し、その数を合計すると、2020年は男性1036万人、女性1632万人。2040年になると、男性1052万人、女性1822万人で、男女合わせて20年で206万人も増加する。これまで、単身世帯といえば、学生、20～30代前半の社会人の若者が主だったが、今後は中高年の単身向け賃貸市場が拡大することは間違いないだろう。

在留外国人が増加

さらに、これからの賃貸住宅市場を語る上で注目したいのは、外国人の動向だ。日本人の人口は減少するが、在留外国人の数は増加していく。

2018年末の在留外国人数は、約273万人で過去最高を更新した。その数、大阪市の人口とほぼ同じだというから驚く。10年前の2008年と比較すると、約60万人の増加。「技能実習」「技術・人文知識・国際業務」として区分される外国人労働者は5年間で約2倍の55万人、留学生については、2008年に文部科学省が立てた2020年までに「留学生30万人計画」が予定よりも

図表1-❸ 40歳以上の配偶関係別人口の推移

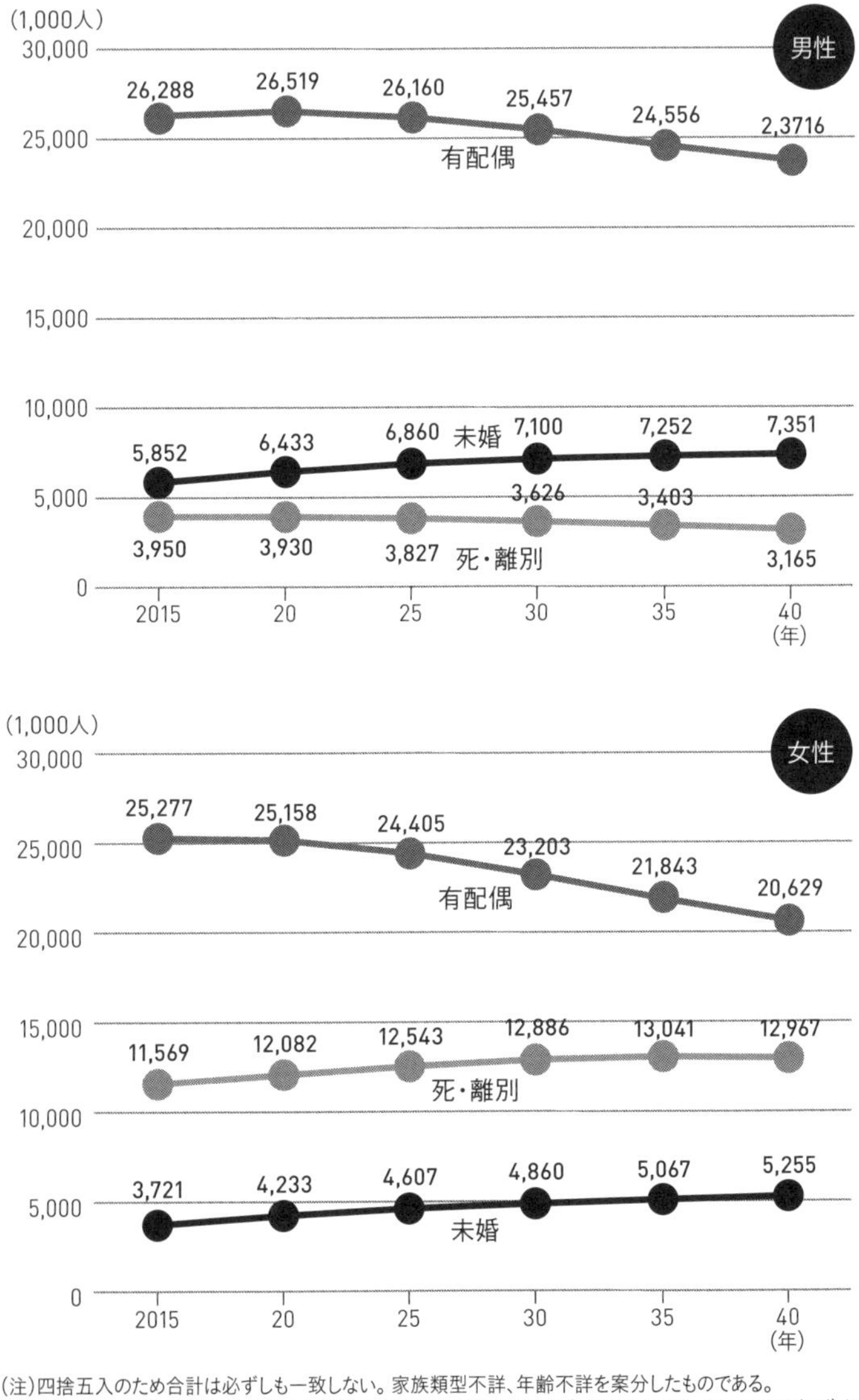

(注)四捨五入のため合計は必ずしも一致しない。家族類型不詳、年齢不詳を案分したものである。
出典:「日本の世帯数の将来推計(全国推計)」2018年(平成30年)推計(国立社会保障・人口問題研究所)より作成

早く達成され、33万人を超えた。

今後さらに増加を後押しするのは、2019年4月に施行された「改正入管法」だろう。正式には、「出入国管理及び難民認定法及び法務省設置法の一部を改正する法律」という。改正では、相当程度の知識・経験を要する業務に就く「特定技能1号」と、熟練した技能が必要な業務に就く「特定技能2号」という2つの在留資格を新設。政府は、「改正入管法」施行の2019年度から5年間で、新在留資格の「特定技能」で想定する14業種において最大約35万人の外国人労働者の受け入れを目指すという。

在留外国人の増加は、当然賃貸住宅の需要の増大を意味する。今後、外国人労働者の増加が見込めるエリアがどこか、確認することが重要だろう。

20代、30代の「積極的賃貸派」が増加

最後に、家主業が有望という理由として挙げたいのは、「積極的賃貸派」がじわじわと増えていることだ。かつては賃貸といえば、大半の人にとってマイホームを持つ前に住む仮住まい的な存在だった。そのため、積極的に「賃貸に住みたい」と考える人は少数派だった。ところが、近年はその住宅志向についても変化が表れている。

国土交通省では毎年「土地問題に関する国民の意識調査」を実施している（図表1—④）。

図表1-❹ 住宅の所有に関する意識調査

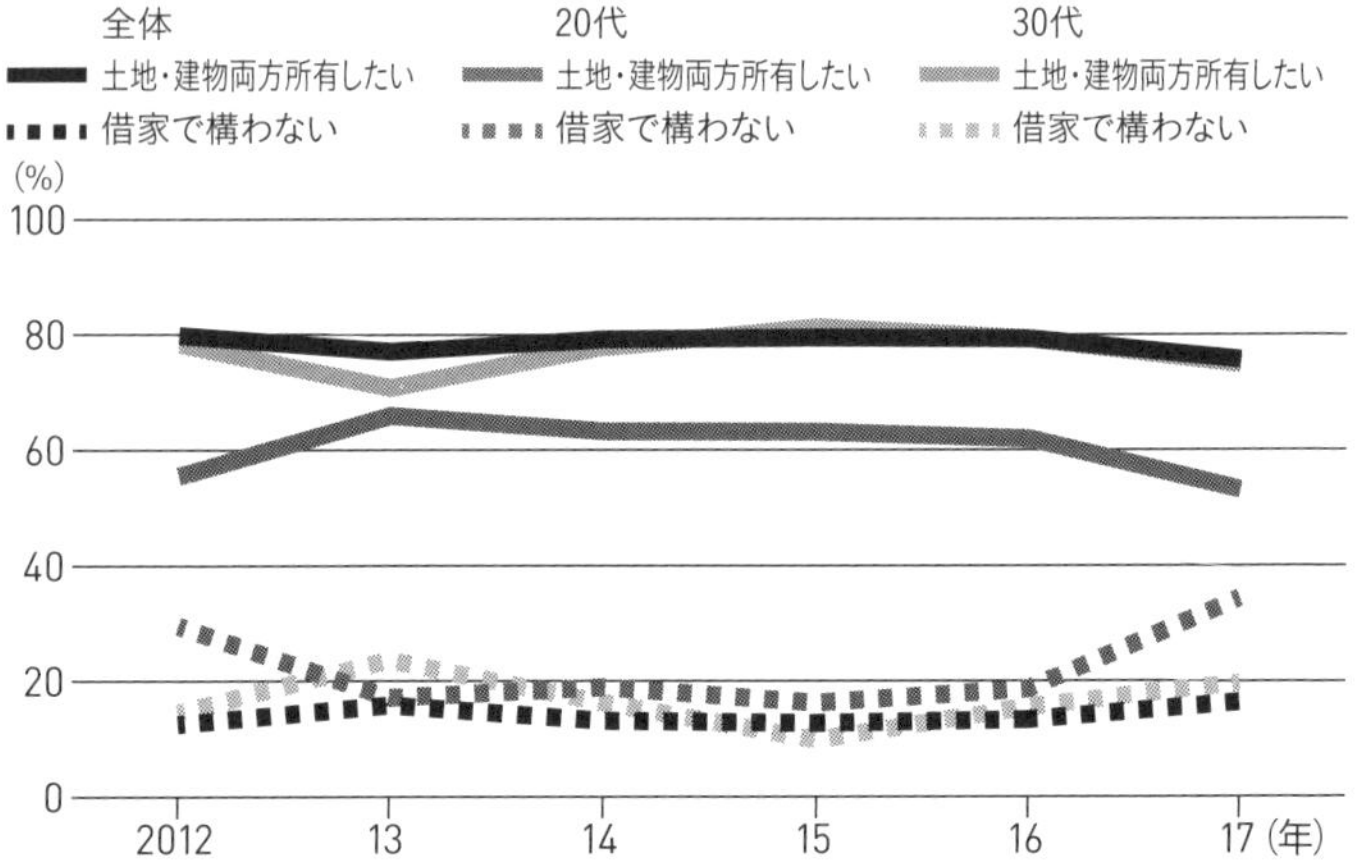

出典：2012年度（平成24年度）～2017年度（平成29年度）「土地問題に関する国民の意識調査」（国土交通省）より作成

２０１７年度の「住宅の所有に関する意識」では、「土地・建物を両方とも所有したい」いわゆる「持ち家派」が75・7％で前年よりも3・6ポイント減、一方「借家で構わない」という「賃貸派」は16・3％で前年よりも3ポイント増となった。賃貸派の数字は同調査を開始した１９９３年度以来、過去最高となった。

特に注目したいのは、若年層の賃貸派の増加だ。20代は34・4％、30代は19・7％。この数字を5年前の調査と比べると、志向の変化がより明確になる。２０１２年度の調査では、賃貸派の20代が29・5％、30代が14・5％だった。つまり、この5年で20代、30代の賃貸志向が高まっていることがわかるだろう。

図表1-⑤ 空き家数及び空き家率の推移

—全国(1963年〜2018年)

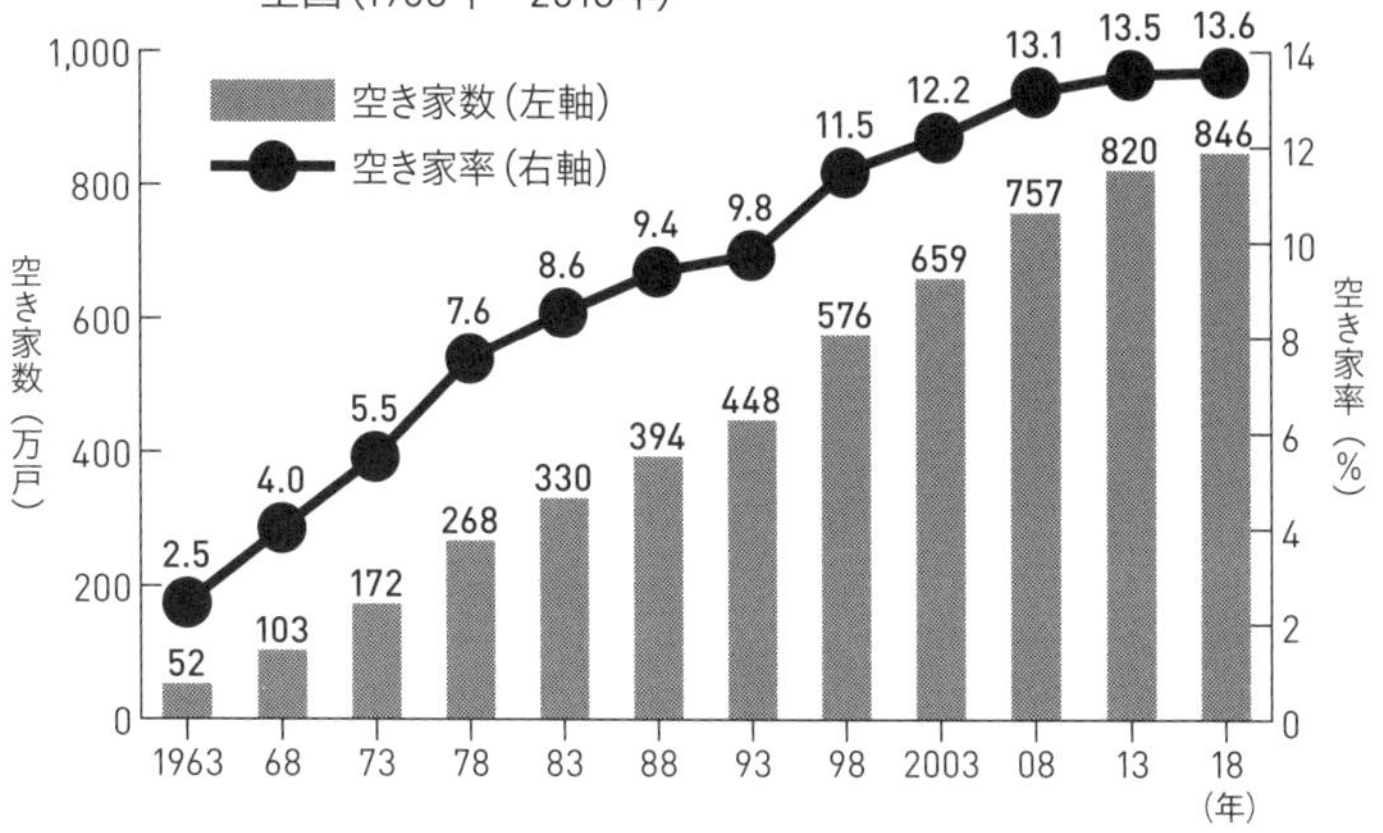

出典:「2018年(平成30年)住宅・土地統計調査」(総務省統計局)

空き家増加は新規参入者にとってチャンス到来

今、空き家が増加していることについて、住宅・不動産業界関係者でなくても知っている人は多い。2013年に発表された「住宅・土地統計調査」(総務省統計局)は、空き家が800万戸を超えたということで世間を賑わせた(図表1—⑤)。2年後の2015年、国は「空家等対策の推進に関する特別措置法」を施行。市町村は、倒壊しそうな空き家の所有者に対して、除却、修繕、立木竹の伐採等の措置の助言、または指導、勧告、命令ができ、応じない場合は強制執行もできるようにした。それでもなお、空き家は増え続け、2018年の調査では846万戸に達している。

図表1-⑥ 空き家の種類別割合の推移 —全国（1978年〜2018年）

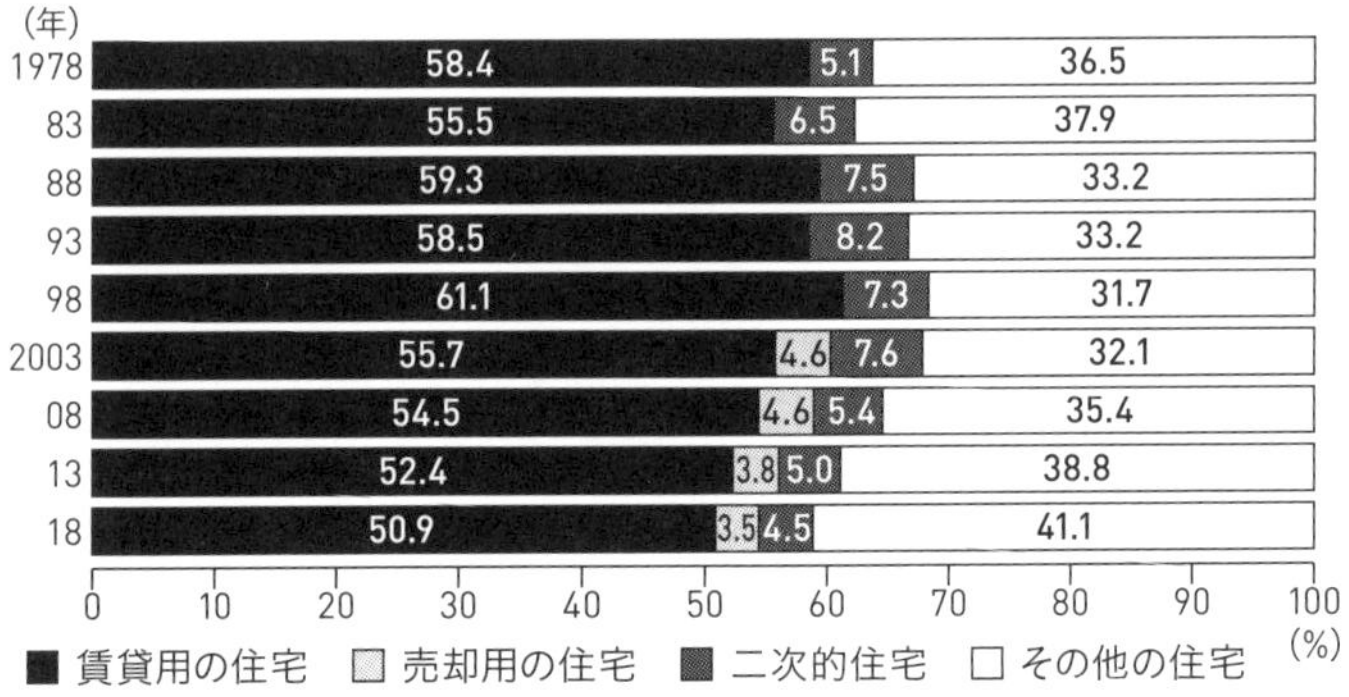

※1978年から1998年までは賃貸用に売却用を含む。
（注）空き家の「その他の住宅」とは、「賃貸用の住宅」「売却用の住宅」「二次的住宅」以外の空き家で、転勤・入院などのため居住世帯が長期にわたって不在の住宅や建て替えなどのために取り壊すことになっている住宅のほか、空き家の区分の判断が困難な住宅などを含む。
出典：「2018年（平成30年）住宅・土地統計調査」（総務省統計局）

こんな話を聞くと、それほどまでに家は余っているのかと思う人は多いだろう。そこで押さえておきたいのは、空き家の実態だ。「空き家の種類別割合の推移」を見てほしい（図表1―⑥）。空き家というと、前述したような法律まで施行されたことから、多くの人は放置されたボロボロの戸建てをイメージするだろう。だが、空き家全体の過半数を占めるのは、賃貸住宅だ。

賃貸住宅の空き家率は18％ほどで、10戸のアパートであれば2戸空いているような状態だ。もちろん空き家率は平均値なので、満室の賃貸住宅があれば、半分以上空いている賃貸住宅もある。

半分以上空いているような賃貸住宅には、家主が経営を諦めているケースが多い。最初からあまり力を入れていないケースと、打つ手がなくて結果的に放置しているケースだ。本来は建ててはいけない賃貸需要のないエリアの賃貸住宅であれば対象外だが、もしそうではなく、賃貸需要が見込めるのであれば、チャンスだ。よく空室だらけの賃貸住宅は、買った後が大変と避けている人を見受ける。だが、「人の行く裏に道あり花の山」という株の諺にあるように、そんな賃貸住宅だからこそ安く買うことができ、宝物に変える可能性を秘めているのだ。

一方、戸建ての空き家は、2018年の調査結果では、5年前の前回調査と比較すると賃貸住宅よりも増加していた。そのため、賃貸住宅の空き家は前回調査よりも実数は増えているものの、比率については若干ではあるが、減っていたのだ。

さて、空き家には空き家になるだけの理由がある。

大きく分けて3つ。1つ目は住むのに不便な場所にあること、2つ目は相続した人がすでに家を持っているため利用しないケース、3つ目は権利関係が複雑で放置されている場合だ。

1つ目は地方都市のケースが多いだろう。人口減少が進み、公共インフラも不十分な状況になると、そこに住む理由がなくなってしまうからだ。

2つ目は、大都市圏でも起こり得るケースで、両親との同居という選択をしなかった場合、子供たちはそれぞれ別の住まいを構えるため、両親が亡くなった後、空き家になった実家の処理に困り、放置してしまう。場所によっては第三者に貸すという方法もあるが、リフォームなどをしないと貸せる状態にはならず、投資コストを考えると二の足を踏むケースだ。もちろん、売却する道もあるが、生まれ育った実家を売却することに抵抗があったり、実際売りに出しても買い手が現れなかったり、という状況にあるようだ。

3つ目は、相続でもめて共有になってしまって売却ができなかったり、借地で地主と折り合いがつかず、そのままになっていたりというケースである。

活用も売却もなかなか進まない空き家は、所有者にとってはいわばお荷物。だが、家主業を始めようという人にとっては、この戸建ての空き家も宝物となる可能性がある。「戸建て賃貸」として貸し出すことを考えれば、工夫次第で「お金のなる木」に変えることができるからだ。

実際、築年数の古い郊外の戸建てを購入し、家主業だけで余裕のある生活ができる人は、私の身近だけでも少なからずいる。彼らはこんな場所に賃貸需要があるのか、と思うような場所の戸建てを購入し、入居者を募集して契約し家賃収入を得ている。

詳細は後述するが、例えば、首都圏であれば千葉県の外房エリアで、都心まで出るには電車で1時間半ほどかかるような場所。だが、そんなエリアでも、趣味がサーフィンという20代、30代の人が入居者として見込めるという。当然、家賃は都心近郊よりも安いが、取得額も安いので収益性が高くなるケースは割とある。

空き家すべてを宝物に変えることができるわけではないが、賃貸需要があるエリアにも空き家はあるようだ。

図表1-⑦ 空き家率 —都道府県(2018年)

空き家率の高い都道府県		
	都道府県名	空き家率(%)
1位	山梨県	21.3
2位	和歌山県	20.3
3位	長野県	19.5
4位	徳島県	19.4
5位	高知県	18.9
5位	鹿児島県	18.9
7位	愛媛県	18.1
8位	香川県	18.0
9位	山口県	17.6
10位	栃木県	17.4

空き家率の低い都道府県		
	都道府県名	空き家率(%)
1位	埼玉県	10.2
1位	沖縄県	10.2
3位	東京都	10.6
4位	神奈川県	10.7
5位	愛知県	11.2
6位	宮城県	11.9
7位	山形県	12.0
8位	千葉県	12.6
9位	福岡県	12.7
10位	京都府	12.8

出典:「2018年(平成30年)住宅・土地統計調査」(総務省統計局)

ここで意外な調査結果を紹介しよう。先に紹介した「平成30年住宅・土地統計調査」に空き家率の高い都道府県ランキングと、低い都道府県ランキング(図表1―⑦)が紹介されている。空き家率が最も高いのは山梨県で21・3%、2位が和歌山県で3位が長野県。空き家率が最も低いのは、埼玉県と沖縄県が同率で10・2%、3位が東京だった。

だが、この空き家率に惑わされてはいけない。都道府県別空き家数(図表1―⑧)を見てほしい。全国で最も空き家数が多いのは、なんと東京だ。空き家率が最も高い山梨が9万戸なのに対し、東京は80万戸もある。本当の「空き家大国」は東京なのだ。東京に空き家という名の宝物が眠っているといえるだろう。

東京に限らず、住宅総数の多い神奈川県には

図表1-8 空き家数 — 都道府県(2018年)

空き家数の多い都道府県		
	都道府県名	空き家数(戸)
1位	東京都	809,000
2位	大阪府	709,000
3位	神奈川県	483,000
4位	愛知県	391,000
5位	千葉県	381,000
6位	北海道	378,000
7位	兵庫県	360,000
8位	埼玉県	346,000
9位	福岡県	327,000
10位	静岡県	281,000

空き家数の少ない都道府県		
	都道府県名	空き家数(戸)
1位	鳥取県	39,000
2位	福井県	45,000
3位	島根県	48,000
4位	佐賀県	50,000
5位	山形県	54,000
6位	秋田県	60,000
6位	富山県	60,000
8位	沖縄県	67,000
9位	徳島県	74,000
9位	高知県	74,000

出典:「2018(平成30)年住宅・土地統計調査」(総務省統計局)

48万戸、千葉県38万戸、埼玉県34万戸、大阪府70万戸、愛知県39万戸と、多くの空き家がある。後で詳しく説明するが、空き家には大いにチャンスがあるといえるだろう。

「家主業」の魅力とは何か

家主業の魅力は、大きく分けて4つある。

1つ目は、本業と両立しやすく、確実に収入を増やせる事業である点だ。家主業は、基本的に不動産会社に管理業務を委託することができる。委託すると、入居者との契約や家賃の集金、入退去時の立ち会い、原状回復の手配、入居者からの建物の不具合や他のトラブルに関しての問い合わせまで対応してもらえる。そのため、緊急事態が起こらない限り、サラリーマンの就労時間への影響は少ない。

しかも、働き方改革の一環で、2018年に厚生労働省の「モデル就業規則」から副業禁止が削除され、「副業・兼業の促進に関するガイドライン」が提示されたことで、「副業解禁」の企業が増えた。会社に隠すことなく、サラリーマンも副業として始めやすい環境になりつつある。なお、書くまでもないだろうが、サラリーマンの就労時間外では、管理会社への連絡、空室対策、市場動向の情報収集など家主業を営む時間は必要である。

2つ目は、資金さえきちんと準備しておけば、金融機関からも融資を受けやすく事業として始めやすい点だ。ここで重要なのは、自己資金を準備しておくことである。

本書の冒頭に述べた投資用シェアハウス「かぼちゃの馬車」は、自己資金ゼロでも不動産が購入できるというのが謳い文句だったが、サブリース会社が倒産した結果、借金返済で苦労している家主が増えたことから、金融機関が一斉に融資の厳格化を進めている。しかし、この金融機関の姿勢について、10年以上前から始めている人の中には「厳格化」ではなく、「正常化しただけ」という声が少なくない。これまで、自己資金ゼロでも融資をしてきたこと自体が異常だったからだ。たとえ、融資の審査が緩かった時代に、自己資金ゼロで不動産を取得し賃貸経営を始められたとしても、返済比率が高いために危ない橋を渡るような状況の人は少なくない。

最近では、自己資金として、購入予定の物件価格の最低2割、基本3割を用意することを融資条件として提示されるケースが増えている。自己資金が用意できなければ、始められない。だが、自己資金さえ用意できれば不足分を借金して購入でき、自己資金以上のリターンが期待できる。いわゆる「レバレッジ」が利かせやすい点は、メリットとして大きいだろう。

3つ目は、基本的には毎日あくせく働かなくても、毎月家賃が入ってくる点だ。満室であれば、ほとんど何もやらなくても家賃が安定して入ってくる。ただし、入居率が低いと毎月口座に家賃が振り込まれる金額が少ないばかりか、借り入れ返済への資金が不足するという事態になりかねない。満室で運営するためには経営努力が必要なのだ。

最後に4つ目は、不動産会社という存在のおかげで、生涯現役で稼ぐことができる点だ。魅力の1つ目でも紹介したように、委託すれば不動産会社が日常業務を担ってくれるので、家主が自ら動いて対応しなくてもいい。大半の業務をアウトソーシングできる事業なのだ。たとえ高齢になり、判断能力に問題が生じる事態になったとしても、「不動産信託契約※」を事前に締結していれば、家賃収入を受け取る状況を維持できる。賃貸経営は良きビジネスパートナーを見つけられるかどうかが、成功できるかどうかに大きく影響する。

なお、資産運用として、よく株式投資と比較されるが、本書では、家主業を不動産投資として捉えてはいない。むしろ、「投資」として捉えることにリスクがあると認識している。金融機関は投資にはお金を貸さない。不動産投資にお金を貸すのではなく、不動産賃貸事業に貸すことを頭に入れておかなくてはいけない。

不動産会社はビジネスパートナーである

不動産会社との関わり方には大きく分けて3つある（図表1―⑨）。

❶募集だけを依頼する媒介業務委託
❷家賃集金、入居者対応などの管理全般を委託する賃貸管理業務委託
❸建物を一括で借り上げてもらうサブリース委託契約

まず、❶の委託については、不動産会社は、基本的に募集と契約、契約の更新時期の通知、更新または解約業務の手続きを行う。この媒介業務委託はさらに2つのタイプに分けられる。「専任媒介」と「一般媒介」だ。

専任媒介では、その名の通り1つの不動産会社に募集を依頼する。専任媒介で依頼した不動産会社は、自社だけがその不動産情報を取り扱うメリットがあるため、一生懸命募集してくれることが期待できる。また、自社だけで募集が難しい場合、他の不動産会社に情報を流し、その結果、他の不動産会社が契約した場合は、仲介に関わる手数料の半分を契約を決めた不動産会社に支払い、残り半分を専任媒介の不動産会社が受け取るという形となる。

もう一つの一般媒介では、1社ではなく、複数の不動産会社に募集を依頼する。複数の不動産会社が募集するため広く宣伝することができる点がメリットだ。依頼した各不動産会社にとっては、専任媒介と違って募集して契約が成立したら、仲介手数料は100％受け取ることができるメリットがある。だが、他の不動産会社にも募集を依頼しているため、競争にさらされるデメリットもある。そのため、一般媒介では、複数の不動産会社と上手に付き合う方法を考えなくてはいけない。上手に付き合っている家主たちがどのような方法を取っているのかは後述する。

次に❷の委託については、いわゆる賃貸管理全般を不動産会社が行う。そのため「管理会社」と呼ぶ。入居者募集から契約、入居後の家賃集金、入居期間中のクレームや問い合わせ対応、退去時の立ち会い、原状回復工事の手配などを行う。入居者の募集時は専任媒介となる。サラリーマンで日常忙しい人や、遠隔地に所有していて現地になかなか行けない人は、管理委託契約をしているケースが多い。管理費は家賃の3～5％が相場だ。

最後に❸の委託については、❷の賃貸管理業務委託と似ているが、大きく違うのはサブリース会社が賃貸住宅を丸ごと借り上げるということだ。例えば1棟10戸のアパートを所有していた場合、そのアパートをサブリース契約すると、実際は空室があったとしてもサブリース会社が全10戸を賃貸借契約する。サブリース会社と家主との業法上の契約関係は「賃貸借契約」となり、サブリース会社は家主の合意を得て、「転貸」するビジネスなのだ。そのため、入居者の実際の貸主はサブ

図表1-❾ 賃貸経営での不動産会社との関わり方

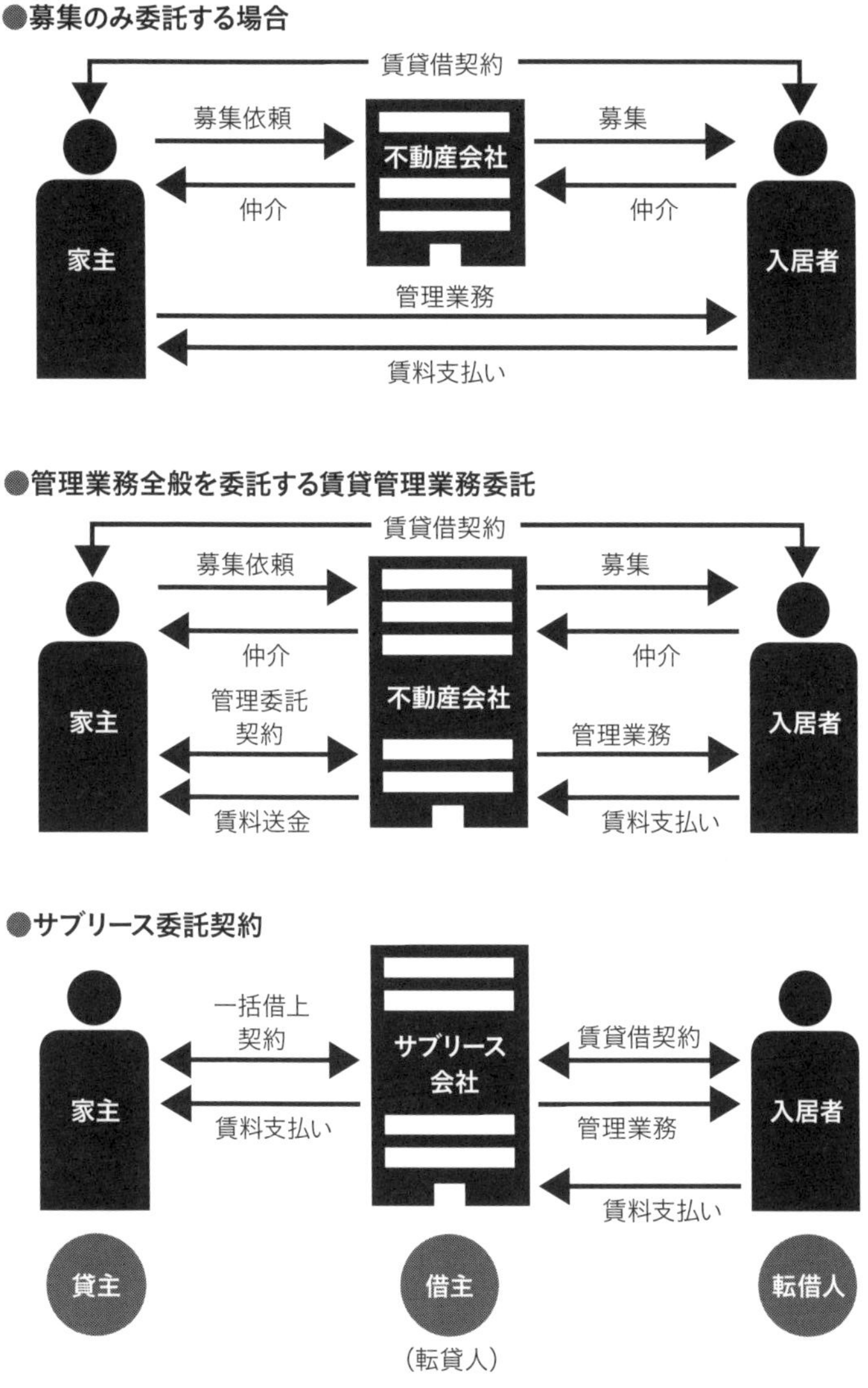

リース会社であり、所有する家主とは契約関係はない。

「家主業」とは入居者という顧客に快適な住環境を提供するビジネスだ

家主業の魅力だけを見ると、「自己資金さえ用意すれば誰でもできる素晴らしいビジネスだ」と思われるかもしれない。確かに資金があれば「始める」ことはできるだろう。しかし、始めることはできても、「安定した収入を得続ける」のは容易ではない。

家主業とは、入居者という顧客から受け取る家賃を売り上げとするビジネスだ。一般的に借金をして賃貸住宅を取得し、始めるビジネスゆえに、空室が多いと家賃収入が減り、借金の返済額を家賃収入でまかなえず、自腹を切って支払わなくてはいけない事態に陥ることもある。空室が多いと収入が減るばかりか、資産を食いつぶしかねないリスクがあるのだ。

空室をつくらないためには、入居希望者に、数多ある賃貸住宅の中から選んでもらえないといけない。さらに「住みたい」「住み続けたい」と思ってもらえるような賃貸住宅でなければいけない。つまり快適な住環境を提供することが大きなカギとなる。入居者に選んでもらえる快適な住環境づくりを追求することが重要なのだ。

ただし当然だが、お金をかけすぎると、今度は利益がなくなってしまう。例えば、今入居者に人気のある住宅設備には、インターネット使用料無料サービス、エントランスのオートロック、宅配ボックスなどがあり、この3つを導入すれば入居者が獲得しやすくなる。だが、この3つすべてを導入すると相当の費用となるわけで、設備投資した分が家賃に反映されたとしても、それなりの家賃収入がなければ収益が悪化する。空室をつくらないためには費用対効果の高い手法の研究が必要となるのだ。家主の経営者としての力量が問われる部分だといえる。

※不動産信託契約は、委託者が所有する物件の所有権を信託契約に基づき信託会社（信託銀行など）に移転。信託会社は信託契約に定められた管理・処分を行う。信託の契約内容が賃貸物件の管理の場合、信託会社は自らまたは第三者によってその物件の賃貸管理を実施。一定の時期にその間の租税公課、共益費、管理費用や手数料などを差し引いた利益を受益者（委託者であることが多い）に配当する。

第2章

収益不動産を購入する

不動産購入の本来の目的を忘れてはいけない

家主業の基本をある程度理解したら、次は不動産購入の基本について考えていきたい。

まず、購入するときにどんな条件で不動産を探したらよいだろうか。最低限検討するべき点は、「立地」「建物の構造」「建物の種類」「建物の築年数」「建物の間取り」「土地の権利」「利回り」、そして「価格」だろう。

この章ではそれぞれの条件について検証していくが、その前に不動産購入時に忘れてはいけない大事なことを確認しておきたい。それは、「不動産を購入する目的」だ。本来の目的を見失ってしまい、資産を減らしかねない事態に陥るケースもある。

いざ収益不動産を買おうと思っても、買いたい不動産はそう簡単に手に入るものではない。欲しいと思った不動産がなかなか買えないと、永遠に買えないのではないかと不安になり、焦る。本来、焦りは禁物だが、なかなか買うことができないと、いつの間にか、目的は収益性の高い「いい不動産」を買うことではなく、買うこと自体が目的になり、徐々に「買える不動産」に買い付けを入れるようになる。そのような状況に陥ることを「買いたい病」に罹るという。「買いたい病」に罹るリスクは、1棟目はもちろんのこと、2棟目も同様だ。

早く事業的規模にしたい――。こんな思いが募り、かつて「買いたい病」に罹ったと振り返るのは神奈川県在住の高田修さんだ。1棟目は全4戸のアパートを購入し、高収益でうまくいっていた。そこで家主業の旨味を知ったことから、税制優遇措置があり、事業的規模といわれる5棟10室まで早く規模を拡大したいと思ったという。

1棟目は、土地が高くて建物が安かったので、2棟目は、減価償却が取れるように、建物が高くて土地が安い物件を探した。その結果、郊外の土地が安い地域に全10戸の新築デザイナーズアパートを購入。

ところが、立地が悪かったことから、なかなか満室にならず、結局、2年で売却。運良く不動産の相場が上がっているタイミングだったので、購入金額とほぼ同じ額で売却できたが、時期が悪ければ、資産はマイナスになっていただろう。

「新築デザイナーズアパートであれば、よほどのことがない限りうまくいくだろうと思ったのは間違いだった。いい勉強になった」と話す。

このように、「頭では理解しているつもりでも気持ちが先走ってしまう」ということは、不動産に限らず、いろいろな場面である。

だからこそ、最初はなかなか買えなかったとしても、「不動産はご縁」だからと、グッと我慢して、自分の本来の目的をかなえるための不動産を探し、買い付けを入れていくことが重要だ。

「不動産は立地で決まる」は本当か？

では、不動産を購入するときのそれぞれの条件を見ていこう。

まず立地についてだが、家主業を左右するのは購入する不動産の立地で決まるのではないか、という疑問を抱く人は少なくないだろう。「良い立地」の定義を「資産価値が下がりにくい地域」とした場合、大都市圏の駅から徒歩10分以内の交通の利便性が良い条件の土地となる。

その疑問に答える前に、前述したように、本書では、不動産を購入して転売し利益を得る方法を「不動産投資」とし、「私的年金」として、不動産を購入して家賃で収入を増やす方法を「家主業（賃貸経営）」としていることを認識してほしい。単純に転売益を目的とした不動産投資については、立地がすべてだろう。しかも資産価値が下がりにくいばかりか、購入したときよりも値上がりが期待できる立地の不動産かどうかが重要だ。

もちろん、家主業においても、立地が良ければ入居者は確保しやすく、家賃収入も得やすい。不動産の立地が、経営に大きく影響を与えることは間違いない。しかし、当然だが、資産価値の下がりにくい良い立地の不動産は、価格が高い。不動産の購入費が高いと、家賃が比較的高くても収益性は低くなる。

図表2-❶ 収益の指標の1つ、「利回り」とは

アパートA		
	販売価格	5,000万円
	年間家賃収入（満室時）	500万円
	満室想定利回り	500万円÷5,000万円×100＝10％

マンションB		
	販売価格	1億2,000万円
	年間家賃収入（満室時）	600万円
	満室想定利回り	600万円÷1億2,000万円×100＝5％

「利回り」という基本的な指標を理解する

収益不動産の広告を見たことはあるだろうか。不動産の概要や不動産価格の他に「満室想定利回り」という文字がある。収益不動産を買うとき、収益性が高いのか低いのかを判断するための重要な指標だ。この「利回り」という言葉に馴染みのない人もいるだろう。利回りの数字をどのように読むのか説明しよう（図表2―①）。

利回りの計算方法は、年間家賃収入を不動産購入費で割って算出する。アパートAは、不動産購入費が5000万円、満室想定年間家賃収入が500万円なので、満室想定利回りは10％となる。利回りが10％ということは、計算上は、不動産を購入した費用を10年間で回収することができ

るという意味だ。

一方、マンションBは、不動産購入費が1億2000万円で、満室想定年間家賃収入が600万円なので、満室想定利回りは5％となり、購入した費用を20年間かけて回収するという意味だ。

この数字だけを比較したら、マンションBよりアパートAの収益性が高いことは火を見るよりも明らかだ。しかし、この「満室想定利回り」を見るときは、さらに次の4つの点に気をつけなくてはいけない。

1つ目は、満室想定利回りは、あくまでも「満室」時の家賃収入をベースに計算されていることだ。賃貸経営では満室を維持するのはかなり難しい。実際広告に出ている不動産も、満室でない可能性が高い。満室でなく、空室が常時3割くらいある不動産だったとしたら、この利回りは机上の空論に過ぎない。

2つ目は、新築物件にありがちだが、そもそも家賃の値付けに問題があるケースだ。例えば、地域相場と建物の仕様・設備を考慮して、新築の家賃が6万円しか取れない地域なのに7万円に設定すると、家賃に1万円も差が生じる。1棟10戸の賃貸住宅の場合、月10万円の差、年間で120万円の差が生じてしまう。そのことを知らずに購入しても後の祭り。想定利回りが7％と広告に表示されていても、実際は6％となる。しかもそれはあくまで満室時の利回りなので、募集がうまくいかなければ、その利回りはさらに下がってしまうことになる。

3つ目は、満室想定利回りのベースとなる家賃は、そのまま何年も続くとは限らないということだ。実際、利回り10%と表示されていても、10年間家賃が下がらないという不動産は珍しい。当然、立地が良ければ不動産価格が高く、その分利回りは低くなるが、家賃の下落リスクは低くなるというメリットがある。

4つ目は、広告に表示されている利回りは、年間家賃収入を不動産購入費で割って算出した表面的な利回りであり、実際の利回りではないということだ。賃貸経営にかかるコストは、不動産購入費だけではない。第1章でも説明したように、管理会社に委託すれば、管理費がかかる。契約する際には仲介手数料や広告料がかかり、設備の故障や建物が老朽化したときには修繕費がかかる。最大の支出である借金の返済が重くのしかかる上に、税金も払わなくてはいけない。こうした費用を差し引いて、実際残る金額がいくらなのかを考慮して算出するのが実際の利回りであり、この「実質利回り」と呼ばれる数字を把握することが必要になってくる。第4章で、こうした数字も踏まえて不動産購入の際の注意点について詳しく説明したい。

さて、冒頭の疑問について再度検討すると、不動産の立地が良ければ良いほど入居者募集もしやすく、家賃も割高で下落しにくい。ただし、実際購入するとなると、不動産価格が高いため多額の借金が必要となる。金融機関は、いくら立地が良くても、賃貸経営の経験がない初心者に多額の資金は融資してくれない。ましてやスルガ銀行の不正融資が明るみになってから、金融機関の審査は通りにくくなっている。

そこで、まずは賃貸経営の実績づくりという意味も込めて、自己資金で購入できる、都心の一等地ではなく、例えば大都市圏であれば、都心ではないがターミナル駅に近い駅近二等地の中古区分マンション、地方都市であれば、中心地ではないが、生活圏として人気が高い地域の古い戸建てなどの購入から始めてみてはどうだろうか。

実は、私がこれまで会ってきた、サラリーマンから専業家主になった人たちが1軒目に購入した不動産は、現金で購入しているケースが多い。しかも土地勘がある場所で、まずは自主管理で経営している。区分や戸建ては一戸であるため、現金で購入していればそれほどリスクがなく、家主業の経験を積むこともできるようだ。

「今の自分」に合っている物件を知る

不動産を買う際に、立地条件と並んで悩むのは、どんな建物を買うべきなのかだろう。第2章の冒頭に挙げた「建物の構造」「建物の種類」「建物の築年数」「建物の間取り」などは重要な条件だ。

今本屋に行けば、「不動産投資」という専用棚ができて幅を利かせているし、アマゾンで検索すれば、不動産投資関係の書籍はより取り見取り。上手に資産を増やしている人の本もあれば、中には不動産を取得して成功したと「主張する」人たちの経験をベースとした本もある。投資家（家主）たちが書く本を見ていて気づくのは、人によって「ボロ戸建て」「中古アパート」「新築アパート」「新築マンション」「新築投資用ワンルーム」「都内の中古区分」「シェアハウス」など、投資対象は異なるものの、どれも「成功している」という話であることだ。

私自身もさまざまな家主に取材し話を聞いてきたが、「このタイプの不動産への投資が正解」というものは残念ながら存在しない。どの不動産にもメリットとデメリットがある。重要なのは、その特性を理解した上で、どのような不動産の購入が「今の自分」に合っているかということ。「今の自分」と強調したのは、不動産を増やして所有数が増えると、できること、できないことが新しく出てくるためだ。

具体的には、家主業を始めようと不動産を買い始めた当初は、資金力も経営者としての信用力も低く、新築や一棟マンションなどに手を出したくても出せないという人が多いだろう。しかし、所有する不動産が増えて経営の実績もできてくると、金融機関からも評価され、買えるようになってくる。自分で土地から購入して、建物は自分が見つけた工務店や建築会社に依頼して、家主自身が設計や企画に携わることも可能となる。家主業を始めてどのくらいのキャリアがあるかも、不動産選びに大きく影響する。

以上のことを踏まえて、不動産それぞれのタイプごとにメリットとデメリットを見てみよう。

新築物件は購入後しばらくは手間いらず

これから初めて不動産を買う人にとって、「新築」は高嶺の花。価格が築年数の古い中古物件よりも高いため、買いたくても買えない人は多い。そんな新築のメリット、デメリットを挙げてみよう。

〈新築のメリット〉

○新築は入居者を募集しやすく空室の不安はあまりない。経年しても、しばらくは人気が高い
○家賃を高めに設定できる
○修繕コストが低い
○融資が受けやすい
○売却しやすい

新築は、新築ということだけでプレミアがつく。不動産会社も、新築物件は高く貸せるとあって、積極的に募集をする。募集時期さえ外さなければ、空室の不安を抱えることもない。すべてが新品の状態であるため、最初の8年くらいまでは、室内の設備が故障するリスクが低く、退去が発

生した後の新規募集も、原状回復のみでできる。結果として、ほとんど修繕コストがかからず、空室対策を施すなどの手間がかからない。

取得する際の融資も、新築の方が中古よりも良い条件で融資を受けやすい。長い期間の融資を組むこともできる。融資期間については意見が分かれるところだが、第4章で説明するように、基本的に融資期間が長い方が手元に残るキャッシュが多い。手元のキャッシュが多ければ、次に購入する不動産の資金として投入することができる。金利も中古よりも低い金利で融資を受けやすい。

さらに売却の際、長期譲渡所得税が採用される5年超持ち続けても、築年数10年以内の築浅物件として売りに出せるので、買い手がつきやすいというメリットもある。

〈新築のデメリット〉

○購入価格が高く、中古に比べると利回りが低い
○土地を探し、建築しなければならない
○建物が完成するまで、土地代の借り入れ返済が厳しい

新築は価格が高いため、資金力に余裕がなく自己資金をあまり用意できないと、利回りが低いため経営が厳しくなる。借入比率が高いと、満室でも手元に残るキャッシュは少なくなる。しかも、

経年して入居率が低下すると、さらに返済が厳しくなる。

また新築は、建て売りで販売に出ている物件以外は、土地から探さなければいけない。たいていは、新築アパートやマンションを販売する会社が土地を紹介してくれるが、中には地域相場よりも高い価格で販売し、一儲けしようと考える業者もいるため、気をつけなければいけない。また、土地をまず購入して、その後建物を建築するため、土地購入代を借り入れでまかなう場合、その土地からの収入がない中で返済しなくてはならないため、財務的に厳しくなる。

以上のように、新築はメリットが多いが、資金力がないと金融機関から融資を受けることができたとしても、なかなか利益を上げにくい。土地を契約してから建物工事中の期間は自腹を切って返済しなくてはならないので、資金的余裕がない場合は実現が難しい。

中古物件は工夫次第で利回りを高められる

次に中古物件についてだが、前述したように、初心者は中古物件購入からが家主業を始めやすい。その理由は、次のメリットを見るとわかるだろう。

〈中古のメリット〉

○購入価格が安く、利回りが高い

○リノベーションで付加価値をつけられる
○購入直後から家賃収入を得られる
○節税効果が高い

築年数が古ければ古いほど、不動産の価格は下がる。しかし、例えば首都圏で、同じ規模の中古物件が新築と比較して半値ほどで購入できたとしても、家賃が半分になることはない。つまり、購入価格の方が家賃収入よりも価格差が生じやすく、中古物件は新築より高い利回りとなる。購入時に入居者がいれば、購入直後から家賃収入を得られるのも安心材料だろう。

さらに、低価格で購入した不動産をリノベーションすれば、新築並みの家賃で貸すことも可能だ。費用を抑えるために、建材などを家主自身がインターネットで探して購入し、施工だけを業者に依頼するという家主も増えている。中古物件は、家主の力量でいくらでも利回りを高めることができるのだ。

築年数が古いと減価償却期間が短いため、大きな節税効果も期待できる。不動産のような高額な資産は1年間の売り上げ、すなわち家賃収入よりも多く経費化することはできない。そのため、「減価償却」という経費計上の方法があり、構造体と築年数により決まった減価償却期間にもとづいて、毎年決められた金額が経費化される。この減価償却期間は、築年数が古いと短く、例えば木造で築22年を超えると一律4年となる。他の所得がある人にとっては、一度に経費化できるものが多いと、節税できるためメリットに感じるのだ。

〈中古のデメリット〉

○融資を受けにくい
○修繕費などの出費が多く、空室リスクが高い
○次の買い手がつきにくい

中古のデメリットは、新築のメリットの逆になる。特に修繕費は、よく調べて検討しないと経営を圧迫する。利回りばかりに目が向き、実際の建物の状態をよく調べないで購入すると、雨漏りやシロアリなど建物にトラブルを抱えていて、その修繕費が購入費と同じくらいかかったなどという話も珍しくない。中古物件のリスクは、素人の目視だけでは修繕費がいくらかかるかわからないことだ。

中古物件を買い慣れている家主は、購入を検討する不動産を訪問する際、現地に建築業者に同行してもらう。建築業者と共に建物の外、中を確認して、すぐにどの程度の修繕費用が必要なのか見積もりを出してもらうためだ。それにより、購入前におおよその投資費用がわかり、購入すべきか

どうかの判断ができる。

また最近は「ホームインスペクション」と呼ばれる建物診断サービスが出てきた。ホームインスペクションでは、建物の状況を調査し、不具合がある場合は、どの部分を修繕する必要があるかの診断シートを作成する。家主は、その診断シートをもとにリフォーム業者に見積もりを取り、購入判断ができる。

いずれにしても、中古物件は買いやすい半面、持ち続けるのも、売却するのも新築と比べて難易度が高い。その点を理解しないと、運営コストがかかり、入居者が一度出てしまうと空室期間が長期化して家賃収入が減るという悪循環に陥る。単に利回りが高いとか、価格が安いなど、表面的なところばかり見るのではなく、建物の状態をきちんと調べることが重要だ。

RC造マンションは融資を受けやすい

次は、建物の構造について見てみよう。建物には主に次の5つの構造体がある。

○SRC造（鉄骨鉄筋コンクリート造）
○RC造（鉄筋コンクリート造）
○重量鉄骨造

○軽量鉄骨造
○木造

構造体によって、建物の強度やコスト、税金などが異なり、賃貸経営の収益性にも大きく影響する。それぞれのメリット・デメリットについて知っておくことが重要だ。

〈SRC造・RC造のメリット〉
○建物が強固
○建物の使用可能期間を意味する「法定耐用年数」が長い
○資産価値が高い
○防音性が高い

建物の中で最も強固な構造はSRC造で、その次に強固なのがRC造だ。「マンション」と呼ばれる建物は基本的に、この2つの構造となっている。建物は高層になればなるほど強度が必要となるため、タワーマンションなどの高層マンションはSRC造だ。賃貸住宅で個人が所有するマンションは、大抵RC造だ。

「法定耐用年数」も長い。法定耐用年数とは建物の使用可能期間で、SRC造・RC造は47年、重量鉄骨は34年、軽量鉄骨造は19年または27年、木造は22年だ（いずれも住宅使用の場合の期間）。耐用年数が長いほど金融機関から融資を受けられる期間も長くなるので、毎年の返済金額を抑えられる。また、長期間価値を維持できるということで、融資も受けやすくなる。その他、よほど築年数の古い建物でなければ基本的に二重床、二重天井になっているため、防音性能も高い。

〈SRC造・RC造のデメリット〉

○価格が高い
○工事期間が長い

RC造は、建物が強固という点で人気があり、外観のグレード感もまるで違うため、鉄骨造や木造より家賃を高く取れるものの、取得価格も高いため収益性は落ちる。

さらに土地から購入して新築を建てる場合、工事期間が長いため、家賃収入が発生するまでに時間がかかり、資金に余裕がないと財務的に厳しくなる。

重量鉄骨造は高層住宅にも対応できる

次に鉄骨造を見ていこう。鉄骨造は、鉄鋼材の厚さが6㎜以上の「重量鉄骨」、6㎜未満の「軽量鉄骨」に大別される。軽量鉄骨は、中規模なアパートや大きな戸建てに利用され、重量鉄骨は、低層住宅から高層ビルまで幅広い範囲で利用される。

〈重量鉄骨造・軽量鉄骨造のメリット〉

○工事期間がSRC造・RC造よりも短い
○重量鉄骨造は高層住宅も建築可能
○木造と異なり、シロアリの不安はない

鉄骨造はグレード的には、RC造と木造との中間に位置する。木造は通常3階、高くても4階までだが、重量鉄骨造なら9階などの高層も建てられる。つまり、階層はRC造と同じ程度の高さが建てられ、工事期間が短くできる。また柱や梁に木材を使用しないため、シロアリの被害を受けることもない。

〈重量鉄骨造・軽量鉄骨造のデメリット〉

○リフォームの選択肢が狭い
○地震で揺れやすい

メリットだけ見ると、賃貸住宅として運営しやすいのは重量鉄骨造に見えるが、大掛かりなリフォームがしにくいというデメリットがある。鉄骨造は工場で製造したものを現場で組み上げる「ユニット工法」などが多いため、材料についてはほとんどが規格化されている。そのため、あとからリフォームをしようとしても、規格に合わない構造には変更ができないのだ。築年数が古い建物を購入する場合や、長期に持ち続けることを考えた場合は、時代のニーズによる間取り変更の選択肢が少なく、リフォームがしにくい構造だ。

木造は圧倒的にコスパが高い

最後に木造だ。かつては賃貸住宅といえば木造が主だったので、賃貸住宅は圧倒的に木造が多く、エリアも選びやすい。価格も安く買いやすい。

〈木造のメリット〉

○価格が他の構造よりも安い
○通気性が高い
○リフォームがしやすい
○節税効果が高い

木造は建築コストが安いため、売りに出ている物件も他の構造よりも安く、戸建てや木造アパートは、初めて不動産を買う人にはおすすめだ。築年数が古くてもリフォームがしやすいため、家賃を上げやすい。

また、木造は法定耐用年数が短いため、減価償却期間が短い。法定耐用年数の22年よりも古いアパートになると、購入代金を4年で経費計上（償却）できるので、所得の多い人は高い節税効果が期待できる。

〈木造のデメリット〉

○隣接の住戸に音漏れしやすい
○築年数の古い建物はシロアリ被害に注意が必要

○築年数が古いと融資を受けにくい

木造は通気性が高い一方、壁が薄く気密性が低い。そのため音漏れがしやすく、騒音問題が発生する可能性が高くなる。また築年数が古いとシロアリ被害のリスクがある。購入するときは、その点もきちんと確認しないと、購入した後に「基礎がシロアリにやられていた」では、大変なことになる。また、法定耐用年数も比較的短く、築年数が長くなると融資を受けるのが厳しくなる。その点も認識して、自己資金を用意できるように事前に預貯金をしておくことも重要だ。

「借地権付き不動産」のメリット、デメリット

不動産を購入する際、どのような権利関係があるかを押さえておくことは重要だ。権利関係と書くと、堅い法律の話になると思って敬遠したくなる人もいるかもしれない。しかし、権利関係によって実際の不動産価格は異なるため、きちんと押さえておきたい。

土地と建物のうち、土地の権利形態には大きく分けて2つある。「所有権」と「借地権」だ。それぞれの意味は読んで字のごとく。所有権を持つとは、その土地の所有者になることで、自由に売買したり、活用したりすることができる。土地を所有しているので、土地に対する固定資産税や都市計画税などの税金を支払う義務もある。

一方、借地権とは土地を借りる権利で、3つの種類がある。「旧法借地権」「普通借地権」「定期借地権」だ。

旧法借地権は、土地所有者に特段の事情がない限り契約更新を拒否できない。普通借地権は、契約期間が30年で、1回目の更新は20年、2回目以降の更新は10年となる。普通借地権も、土地所有者に特段の事情がなく、借地権者（借地人）が希望すれば契約は自動的に更新される。この2つの借地権は、裏を返せば借地権者に圧倒的に有利な権利だ。

定期借地権は、契約期間に定めがあるもので、借地人は期間満了後に土地所有者に更地で返さないといけない。時々分譲マンションの広告で「定期借地権分譲マンション」という文字を見かけることがあるだろう。50～70年の期間になっていることが多い。

収益不動産の対象となる借地権付き物件は、旧法借地権が多い。借地人に有利な借地権付き不動産のメリットとデメリットを見ていこう。

〈**借地権付き不動産のメリット**〉

○安く購入できる
○土地にかかる固定資産税・都市計画税がかからない
○土地所有者から土地を買い取ることができれば、安価で取得できるまず、借地権付き不動産が安く購入できる理由は、資産価値が低いためである。土地の所有にこだわらなければ、安く購入できるため収益性は高い。また、土地を所有しなければ土地にかかる税金も不要で支出も抑えられる。

借地権は、最初に説明した通り、土地所有者にとっては不利な権利制度だ。借地権付きの土地を所有していてもあまりメリットがないため、土地の所有権を売却したいと考えるケースもある。土地の所有権だけを売るといっても買い手を見つけるのは容易ではないため、借地権者には、市場よりも安い金額で買う提案ができる可能性もあるというわけだ。

借地権付き不動産のメリットは、一言でいうと収益性が高いことだが、その分、所有していないゆえのデメリットもある。

〈借地権付き不動産のデメリット〉

○毎月の地代がかかる
○建て替え承諾料や条件変更承諾料などが必要
○更新料が必要
○金融機関から融資を受けにくい

土地を借りているのだから、当然その対価として毎月地代を支払わなくてはいけない。だが、この地代は、所有権の取得と比較すると、かなり安いことが多い。更新料は、基本的に20年以上契約する場合にかかる。更新料の他に、各種の変更をする場合、購入後建て替えをするケース、コンバージョンなどでアパートを店舗や旅館に変更するなどの条件変更の際に承諾料が必要となる。

最もネックとなるのは融資の問題だ。借地権付き不動産は資産価値が低いため、安く購入できる半面、金融機関からの資産評価（担保評価）も低いため融資を受けにくい。収益性は高いが、当然、「自己資金ゼロ」で購入できる不動産ではないのだ。

不動産を購入するまでの9つの手順

家主業の基本、不動産を買うなら何を基準に買えばよいか、一通りわかったところで、今度は実際に不動産を購入する手順を見てみよう。大まかな手順は次の通りだ。

❶収益不動産の情報を集める

不動産情報を集める方法の王道は、主として収益不動産を扱うポータルサイトでの検索だ。収益不動産のポータルサイトの大手は「健美家」と「楽待」。

また、収益不動産を扱う会社に問い合わせて、自身の属性などの個人情報や希望する不動産の条件等をあらかじめ伝え、情報をもらいやすくする。

❷不動産会社に問い合わせて不動産の詳細な情報をもらう

ポータルサイト等で条件に合う不動産を見つけたら、その不動産の広告を出している不動産会社に問い合わせて、現在の入居状況、各戸の家賃状況、契約期間などが書かれた「レントロール※」と呼ばれる資料、分譲マンションなら修繕積立金や大規模修繕履歴など詳細な情報をもらう。

❸不動産会社に現地を案内してもらう

不動産会社から提供された情報を見て、条件に合いそうであれば、実際に現地へ足を運び内見する。

❹買い付けを入れる

内見後、不動産が気に入れば、不動産会社経由で買い付けを入れる。

留意しておきたいのは、買い付けの申し込みは必ずしも早い者勝ちではないことだ。売主が、その買い付け申し込みに応じても、契約を締結するまでは、売主は売買の約束を撤回して、他の購入希望者に売却することもできる。一方、買い付けを入れた希望者も契約を結ぶまでは撤回することができる。

❺売買契約を締結する

買い付けが通ったら、売買契約締結となる。買い付けが通ってから契約締結までは、通常1週間から10日間程度。契約日は、売主・買主・不動産会社の予定で決まる。売買契約書と重要事項説明書の内容を確認し、署名・捺印で契約が成立する。

❻金融機関に融資を申し込む

融資の申し込みについては、売買契約を締結したら、金融機関にて売買契約書、重要事項説明書、その他資料の原本や写しの提出・確認を行う。買い付けを入れる前後に、金融機関に前もって相談し、融資の申し込みをすることもある。

❼管理会社または仲介会社を探す

管理会社をどうするかは重要な問題だ。売主が委託していた管理会社を引き継ぐか、新規で管理会社を探すか、自主管理にするかの3つの選択肢がある。管理会社を変える場合、自主管理にする場合は、以前の管理会社から業務を引き継ぐ必要がある。

❽ 金銭消費貸借契約を締結する

金銭消費貸借契約とは、融資の本契約のことだ。当日は必要書類を持参の上、金融機関の融資担当者から重要事項の説明を受け、条件を確認し、問題がなければ契約書に署名・捺印をして完了となる。

❾ 決済・引き渡し

決済・引き渡しは、融資を出す金融機関で行う場合が多い。売主、買主の他に、売主側仲介会社、買主側仲介会社、司法書士、融資を利用するときは融資をする金融機関担当者が一堂に会する。管理を委託する場合は、管理会社が待機することもある。

登記に必要な書類を司法書士が確認して、問題がなければ融資を実行する。その後、司法書士と仲介会社への支払いが済んで決済は完了となる。決済が完了したら、賃貸借契約書原本や鍵の引き渡しを受けて、決済・引き渡しが完了する。

不動産購入時に必要な経費は、手付金、不動産購入代金、不動産会社に支払う仲介手数料、不動産登録免許税、司法書士に支払う登記手数料、火災保険加入費、固定資産税等の精算金、ローン手数料、保証会社を使う場合はローン保証料、印紙税となる。

見ての通り、不動産購入代金以外にも結構費用がかかるため、その部分も見越して資金を準備することが必要だ。

※レントロールとは、賃貸借条件一覧表のこと。ビルや賃貸マンションやアパートを一棟買いする際はその物件の質を見定める基準となる。通常、1枚の用紙に、各部屋番号ごとの契約賃料や共益費、預かり敷金の金額、契約年月日が記載されている。場合によっては賃借人の属性（法人、個人）や名前、性別が記載されていることもある。

良い「三為業者」、悪い「三為業者」

不動産の売買取引の現場では、時々「三為業者」という用語が出てくる。「かぼちゃの馬車」オーナーたちの多くは、この三為業者が関係した土地取引によって、相場よりもかなり高い金額で購入した。三為業者とは、所有権の移転の実態を反映していない「中間省略取引」において、特約として、所有権が最初の所有者から最終購入者に直接移転する旨を定める契約「第三者のためにする契約」を積極的に行う業者のこと。この「中間省略取引」自体は合法であり、不動産売買取引を効率的に進める方法の一つだ。

本来なら不動産の所有権が「最初の所有者から購入者X」、「購入者Xから最終購入者」へと移転した場合、不動産登記簿に2回の移転登記が記載されるべきだが、中間省略取引では、当事者全員の合意があれば、「最初の所有者から最終購入者への所有権移転登記」という1回の移転登記のみを申請し、登記することが可能となる。この契約の特色は、Xが最初の所有者から購入した金額を転売先である最終購入者に知られることがない点だ。

オーナーの代理人として「かぼちゃの馬車」の運営会社スマートデイズの一連の販売に関与した会社などに対して、訴訟を起こした加藤博太郎弁護士の調査により、今回販売会社がかなりの利益を乗せてオーナーに販売していた実態が明らかになった。

「かぼちゃの馬車」土地売買スキーム

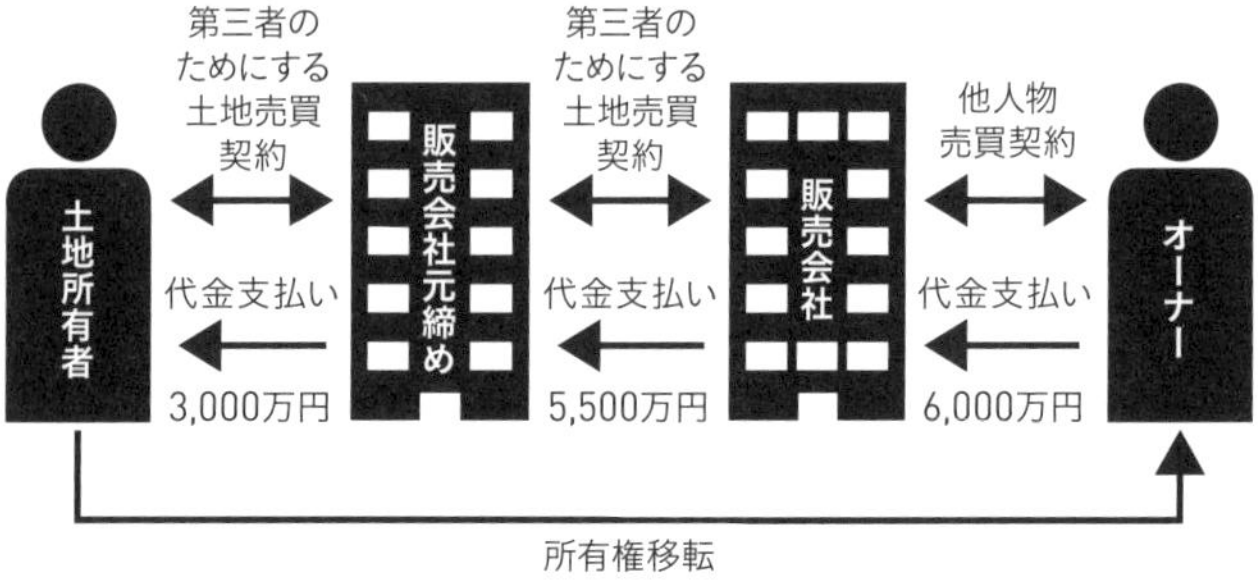

例えば、土地所有者から約3000万円で購入した土地を販売会社の元締めA社が約5500万円でオーナーに直接営業している販売会社B社に売却し、B社はオーナーに約6000万円で販売していた。実に2倍もつり上げられた金額でオーナーは購入し、結果的に多額の借金を抱えることになった（図参照）。

注目したいのは、最も利益を得ていた元締めA社。加藤弁護士は「週刊全国賃貸住宅新聞」の取材で、「元締め会社とスマートデイズ実質経営者とスルガ銀行支店長で協議が重ねられてつくられたスキームではないか」と話していた。

「投資は自己責任」とはいえ、素人では見抜くのが難しかった状況があったのも事実。「投資」という欲をビジネスとしている企業にもまた欲があるという点を理解しないといけないようだ。

第3章

「家主」という仕事

最も重要なのは「マネジメントする力」

賃貸住宅を購入できたら、ここからが家主業のメインの仕事のスタートだ。家主の仕事とは何かを改めて整理して確認しよう。

❶入居者の募集
❷家賃集金、入居者の問い合わせ対応、建物のメンテナンスなどの賃貸管理
❸退去時の手続き及び原状回復工事の手配
❹リフォーム、入居者満足度を高めるサービスなど空室を発生させないための対策

以上が主な仕事となる。

❶の入居者の募集、❷の賃貸管理、❸の退去時の対応などの仕事は、第1章で紹介したように、基本的には管理会社に任せることができる。管理会社に任せた場合、この3つの仕事について実際に動くのは管理会社だが、家主は状況を常に把握し判断することが仕事となる。❹の空室を発生させないための対策については、管理会社と相談してどんなリフォームを行うべきか、どんなサービスを付加したら満足度が高くなるかを一緒に決める。

家主業はサラリーマンが副業として行うことは可能だが、重要なのは管理会社の動きを把握し、マネジメントすることだ。すべてを管理会社に任せて「自分は何もしなくても楽に家賃収入が得られる！」と安易に考えてはいけない。本業とうまく両立しているサラリーマン家主たちは、管理会社から状況をヒアリングし、何か問題があれば、どのような方法を取ることが最適かを考えて指示する。

的確な指示をするためには、知識と情報が必要だ。サラリーマンが副業として家主業が可能なのは、時間的な拘束が少ないからだが、成功しているサラリーマン出身家主たちは、家主業にかける時間を極力減らしていたわけではない。不動産購入前から家主業に関する知識を得るための勉強はもちろんのこと、購入後も、市場動向や賃貸業界のニュースなど日々情報収集に注力している。情報や知識があるからこそ、経営リスクを最小限に抑えることができるのだ。

キャッシュフローをコントロールする

家主業における最大の経営リスクは、借金が返済できなくなることだろう。基本的には借金ありきで始める事業のため、借金が返済できるだけの十分な収益があるかどうかがポイントとなる。

そのためには、財務状況をきちんと把握することが重要だ。十分な収益を出す、つまり「キャッシュフローを増やす」ビジネスモデルをつくり上げるためには、財務にも強くないといけない。まず、家主業の収支について確認していこう。

家主業の売り上げは家賃収入だ。家賃収入には、住宅の貸し付けによる「賃料収入」の他に「礼金」「更新料」「共益費」などが含まれる。不動産投資家が書いた本に「主婦でも家賃収入〇万円稼げた」とか、「たった2年で家賃収入〇万円」というようなタイトルがよくあるが、ここで勘違いしてほしくないことは、家賃収入すべてが儲けではないということだ。収入から支出を差し引いた金額がキャッシュフロー（手残り）となる。

では、家主業の支出とは何だろうか。

❶借金返済額
❷管理費
❸修繕費（リフォーム費）
❹仲介手数料
❺広告料
❻保険料
❼税金

以上が主な支出となる。

この支出の中で、大半の家主にとって大きな割合を占めるのは❶の借金返済額だろう。スルガ銀行の不正が起きるまでの2、3年は、「自己資金ゼロでも購入できる」というようなセールストークで不動産販売が行われてきたが、購入時の自己資金が少なければ、当然、購入後の借金返済額が多くなる。家賃収入における借金返済額の比率を「返済比率」と呼ぶが、この返済比率が高ければ高いほど、キャッシュフローは少なくなる。逆に返済比率が低いと、キャッシュフローは多くなる。

この借金返済額がキャッシュフロー以上になると、プライベート口座の預貯金から返済しなくてはいけない。つまり、資産を増やすために始めたはずなのに、資産を切り崩す事態になりかねないので注意しなくてはいけない。

返済比率はどのくらいまでに抑えておくべきか。一般的には空室リスクを基準に考える。賃貸住宅の空室率はおよそ20~30%ということを考慮して、そこに他の支出も含めて検討すると、50%以内が妥当だろう。詳細は後述するが、借金の返済額は「固定金利」なら変化しないが、「変動金利」で融資を受ける場合は変化する。金利が下がれば返済額は減るし、金利が上がれば返済額は増えるのだ。

月々の借金返済額は、金利だけでなく、「借入期間」によっても変わってくる。借入期間は築年数がベースになる。新築の場合はマイホーム同様に最長35年ほどで組めるが、築年数が古いと、建物の法定耐用年数から築年数を差し引いた年数分が上限となるケースが圧倒的に多い。返済期間が長ければ、支払い総額は多くなるが、年単位の借金返済額を抑えることができる。

借金返済額については「金利」と「借入期間」が大きく影響することに留意したい。

借金返済額以外の主な支出を把握する

❷の管理費は、通常管理委託契約の場合は毎月家賃収入の5％程度、サブリースの場合は10～15％となる。借金返済額と管理費は毎月発生する支出だ。月単位で考えると、家賃収入からこの2つの支出を差し引いた金額を、間違って「儲け」と捉えてしまいがちだ。実際、初心者が勘違いして使い込んでしまうケースは少なくない。
しかし実際は、この2つの支出の他に不定期に発生する支出がある。❸の修繕費、❹の仲介手数料、❺の広告料だ。その支出を把握して備えることが重要だ。準備しておかないと、いざ支払いが必要なときに手元に資金がなく、プライベート口座の預貯金から支払わなくてはいけなくなる。

修繕費には大きく分けて2つある。一つは、設備や建具が破損・故障したときに交換する費用だ。設備は概ね寿命が決まっているため、いつ設置したのかさえわかれば、次の交換時期の見当をつけることができる。修繕の時期が、いつどのくらいで発生するか見積もることができれば、予算立てができる。例えば、エアコンや給湯器がいつ設置したものかを確認して、交換時期を6～8年くらいで見ておけば、いざ故障し交換が必要になったときにも慌てずに済む。

修繕のもう一つは、退去の度に発生する原状回復費だ。入居期間は、当然、入居者によって異なってくる。2年契約でも、1年ほどで退去するケースもあるし、更新を重ねて10年以上住むケースもある。入居者の更新のタイミングはわかるが、実際の退去時期はわからない。

入居者が快適に住むことのできない賃貸住宅であれば、退去スピードは速くなる。騒音や管理状況の問題、実際住んでみたが、生活しにくい部屋だったなどの理由で2年以内の退去や更新せずに退去になるケースもある。家主業では、いかに入居者に快適に住んでもらう賃貸住宅を提供できるかが重要なのだ。

契約時に不動産仲介会社に支払う仲介手数料や広告料は、退去が多く新規契約が増えれば、当然増える。退去が少なければ、減らせる費用であることを認識しておきたい。

❻の保険料は、建物にかける火災保険料。火災保険は、賃貸経営する上で必要不可欠だ。火災保険には、火災や自然災害等による財物損壊リスク、漏水事故や屋根の剥がれ等、建物の所有、使用または管理に起因する賠償リスクなど、通常の火災保険で補償されるものに加え、火災や自然災害による建物修復時の一時的な家賃減少リスクや、死亡事故発生に起因するリスクに対応する保険商品もある。

保険料は、どの会社のどの保険に加入するかによって、当然金額も変わってくる。安ければいいわけでもないし、高い保険金が出るものであればいいというわけでもない。どのような保険商品がよいのか、約款をきちんと読み、理解した上で加入することが重要だ。火災保険は建物ごとに加入するため、所有建物が増えれば増えるほど、支払いも増えることになる。

最後に❼の税金。家主業の場合、家賃収入から必要経費を差し引いたものが「不動産所得」となる。その年分の不動産所得に対して課税される税金は、翌年2月16日から3月15日までの間に申告・納付する手続きをとる。

税金を抑える方法はさまざまだが、まず基本的な部分を押さえる意味では、個人の家主業の場合は「青色申告」を行うことがポイントになることを知っておこう。申告方法には「白色申告」と「青色申告」があるが、「青色申告」の申請を行い手続きをすると、「青色申告特別控除」が10万円から受けられて、課税対象額を減らすことができるのだ。

所有不動産の規模が事業的規模（概ね5棟10室以上）になると、複式簿記による帳簿をつけることで、青色申告特別控除額を10万円から65万円（2020〔令和2〕年より、帳簿を法律で認められた電子保存をしているか、電子申告を行う場合以外には、55万円）へと拡大することができる。青色申告については、個人の場合、税務署に行くと親切に教えてくれるので、わからないときは税務署に相談してみよう。

なお、減価償却費は、キャッシュフローを計算する上での支出にはならない。第2章で説明したように、法定耐用年数に応じて毎年分割して、税金計算上の経費として計上していくというものだ。実際は「目に見えない支出」であるが、経理上は非常に重要で、実際にお金は出ていかないが、帳簿上は経費計上できるため課税される税額が低くなる。減価償却費を計上できる期間は建物の法定耐用年数によって決まる。

新築の場合は、前述した各建物の構造で定められた法定耐用年数、中古建物の場合は、法定耐用年数から築年数に0・8をかけた年数を差し引いた年数を、その建物の耐用年数とする。例えば、築10年の木造アパートを購入した場合は、木造の法定耐用年数22年から築10年に0・8をかけた年数を引いた14年が耐用年数となり、減価償却期間となる。

木造アパートの築年数が、木造の法定耐用年数の22年以上の場合の減価償却は、次のような計算式で算出することが決まっている。

耐用年数＝法定耐用年数×0・2

つまり、築22年以上の木造アパートの場合は22×0・2＝4年となる。

以上のように、家賃収入の額だけではなく、支出をいかに抑えてキャッシュフローを出すかが重要だ。

管理会社と良い関係を築く

支出面について説明したが、売り上げが安定しないと、いくら支出をコントロールしても経営は厳しくなる。安定した家賃収入を得るためには、この章の最初に示した家主の仕事の4つ目の空室を発生させないための対策が重要になってくる。経営努力さえすれば、全国平均で約2割の空室状況である今、よほど立地に問題がある場合でない限り満室にできるはずだ。

空室を発生させないための対策は、ビジネスパートナーである管理会社との連携が欠かせない。空室がある賃貸住宅を購入した場合、早期に入居者を決めなくてはいけないわけだが、もし、長期間にわたって空室だった場合は、何が空室の原因なのかを管理会社に確認することが重要だ。

管理会社選びにおいても重要なポイントとなるが、管理会社は、なるべく地元に拠点がある会社を選んだ方がいい。理由は、地元の状況を把握していない管理会社では、的確なアドバイスが期待できないからだ。長期間空室の原因が部屋の内装、設備、仕様にあるのか、家賃の高さにあるのか、入居者ターゲットに問題があるのかなど、さまざまな角度から検証する必要があるが、一番情報を持っているのは、地元で実際に入居者募集をしている不動産会社であり、その検証結果から対策を講じなくてはいけない。

例えば、部屋の内装が「白いクロスの壁、茶色のフローリングの床」というありふれたものであれば、他の物件情報に埋もれてしまう。そこで壁の一部をデザインクロスに張り替えてみるとか、フローリングの床を白っぽい明るい床材に変更などするだけで、他の物件にはない内装で差別化を図ることができる。単身者向けなら20万〜30万円程度のコストで済む。

また今、必須サービスとなっている「インターネット使用料無料」サービスなどの導入も一つの方法だ。いずれにしても、物件の問題点を共有し、どのような対策が有効かをお互いが持っている情報を出し合って検討することで有効な対策を打てる可能性が高まる。

このように、管理会社と相談した上で、部屋をリフォームしたり、設備やサービスを追加して条件を見直し、いざ募集となる。募集の際、重要なのが、管理会社に条件面が正確に伝わっているか、誤った情報が物件情報として掲載されていないかの確認だ。

管理会社も複数の物件を担当しているため、ミスがないとは限らない。そのミスを減らすために、家主がきちんとチェックすることが必要になる。ミスを発見しても、感情的にならずに冷静に指摘をすることは大事だ。

管理会社と二人三脚で経営していくためには、良い関係を築くことが重要であり、単に相手のミスを指摘したところで、次にいい仕事をしてくれるかどうかはわからない。むしろ「あの家主は付き合いにくい」と思われたら連携も取りにくくなる。成功している家主たちは、その点を理解し管理会社と上手に付き合っているのだ。

募集後、問い合わせがあり、来店、内見、申し込みという順番になるが、よくあるのが内見時に出てくる入居希望者からのリクエストだ。「家賃をもう少し安くしてもらえればすぐに決める」とか、「駐車場を2台借りられるようにしてもらえないか」など、リクエストにすぐに対応すれば、契約に結び付きやすい。

しかし、サラリーマン家主の場合、就業中にこうしたリクエストがあってもなかなか連絡が取れず、見込み客を逃してしまいかねない。そこで、あらかじめ想定できるリクエストについては、管理会社に許容範囲を伝え、その場で回答してもらう体制をつくる。想定されるリクエストは、経験が豊富な管理会社であれば、見当がつくはずだ。

入居中のトラブルについても、管理会社と、あらかじめこのトラブルの場合ならこう対応するというマニュアルを策定して、速やかに初期対応をしてもらうことが有効だ。事後報告で、次にどのような対応をするかを就業時間外で検討し、指示するという流れとなる。

遠方に物件がある場合、管理会社とのやり取りはメールと電話になりがちだ。そのため、年に数回は、週末の休日や有給休暇などを利用して、担当者に会った方がよいだろう。顔を見ると、管理会社の担当者も安心し、互いの信頼感が深まるからだ。

入居者は「大事な顧客」と心得る

家主業は、入居者が払ってくれる家賃で成り立っている。つまり、入居者は「大事な顧客」に他ならない。昔から家主業をしている人たちには、こうした意識が欠如している人もいて、「貸してやっている」という意識が未だにある場合が少なくない。しかし、そんな意識では、空室が増えている今、入居者は選んではくれない。入居者にいかに魅力的な住まいと思ってもらえるか。建物そのものだけでなく、管理やサービスといった面においても「心地よさ」が重視されるのだ。

もちろん建物のタイプや立地などによって、入居者層は異なる。入居者層に合わせた対応については後述するが、入居者、すなわち顧客に対して、家主が行うべき基本的な仕事とは何かを考えてみたい。とはいっても実は特段難しいことではない。自分が入居者の立場に立って、賃貸住宅にどんな環境を求めるかを考えればいいからだ。

例えば、

○建物の共用部にタバコの吸い殻やペットボトル、ごみなどがなく清潔
○防犯・防災の対策がされていて安心して住める
○困りごとが発生した時に連絡しやすい環境になっている

などは最低限の条件ではないだろうか。「こんなことは誰だってわかるし、普通だろう」と思う人は少なくないかもしれない。だが、こうした環境ですら整えられていない賃貸住宅は、かなり存在する。裏を返せば、なかなか入居者が決まらない賃貸住宅の共通項ともいえる。

共用部を清潔に保つことは、自身がなかなか所有不動産に足を運べないサラリーマン家主にとって簡単ではない。特に遠隔地に所有している場合は、定期的に現地に足を運ぶのは難しいだろう。だからこそ、管理会社が、どの程度賃貸住宅を巡回し管理しているのか、もし、通常の管理費だけでは月1回の巡回が限界だというのであれば、追加で費用を払ってでも巡回頻度を増やしてもらうとか、管理会社以外の人に依頼し、巡回して何か不具合があれば連絡をもらうなどの対策が重要だ。新規で募集し、不動産会社が、入居希望者を内見に連れてきてくれたとしても、共用部に空き缶などが転がっていたら、部屋に入る前から印象が悪いだろう。すでに住んでいる入居者にしても、何かきっかけがあれば引っ越してしまうかもしれない。建物を清潔にすることは大変重要だ。

また、生活の基盤である住まいに安全・安心が求められることは当然だろう。求める度合いは、人によって異なる部分があるが、最低限、盗難に入られにくいセキュリティーは整備しておきたい。前述の清潔を保つことは防犯にも関連する。清潔はきちんと管理されている証しだからだ。安全・安心は防犯だけでなく、防災の面にも関係する。昨今は豪雨や地震が頻繁に発生している。こうした備えについても重視されつつある。

最後の管理面の問題。家主は、管理面の問題だからといって、管理会社に「すべてお任せ」ではいけない。何かあったときに管理会社が対応できる体制になっているか、よく確認することが大事だ。

プラスアルファで、プレゼントやイベント企画などを行う家主もいるが、もし、誰もが求める賃貸住宅の水準に達していないとすれば、すぐに家主として取り組むべき仕事の優先順位を入れ替えるべきといえるだろう。

融資審査書類改ざんの手口

顧客の融資審査書類として銀行に提出する預金残高の表示を改ざんした問題が、2018年8月末に発覚した収益不動産販売会社TATERU（タテル：東京都渋谷区）。TATERUのアパート契約者に取材したところ、融資審査を通すためにTATERUが契約者の口座に現金を振り込んだ事実が判明し、投資家に対する不適切融資の指南が常習化していたことがうかがえる実態が明らかになった。

TATERUで2棟分の契約を結んだ40代サラリーマンの秋元さん（仮名）は、いずれの契約も同社営業担当から預金残高表示の改ざんを指南された。驚くのは、2棟目のアパート購入目的のための改ざんだ。

当初、自己資金は10万円で買えるという内容で契約した秋元さん。だが、後日、同社営業担当から融資審査が厳しくなったことを理由に、約1億2000万円の土地付き新築アパートの融資審査に1500万円の自己資金が必要だと言われたのだ。

さらに耳を疑ったのは「当社から前家賃として670万円を秋元さんのネット口座に振り込みます。1棟目のときのようにそのお金を秋元さんが持っている3つの口座に移して都度スクリーンショットを撮り、1500万円あるように見せてください」と指示されたことだ。実は秋元さんは1棟目のときも、自己資金は10万円で大丈夫と契約した後、500万円の預金残高の証明が必要だと言われた。そこで今ある預金を1つのネット口座に集めてスクリーンショットを撮ったら、また別のネット口座に全額移して撮るという行為を3口座分行うように指示されていたのだ。

秋元さんはTATERUが現金を振り込んでまで与信資料を改ざんするのかと恐怖に感じていた。奇しくもその指示があった8月31日、電話が終わって数時間後、TATERUの預金残高表示改ざんのニュースがネット上に流れてきた。営業担当が振り込むと話していた期日は週明けの9月3日。秋元さんはこんな問題が起きたら振り込んではこないだろうと思っていた。ところが、口座を見ると、約束通りTATERUから670万円が振り込まれていたのだ。

不動産投資ブームの陰で自己資金がない顧客層を狙った収益不動産販売のTATERU。「かぼちゃの馬車」も同様だが、財産証明となるエビデンスデータの改ざんが横行したことにより、金融機関の融資審査が厳しくなった。業者の不正な手口に乗らないことはもちろんだが、最も大事なのは「嘘はつかない」という人としての常識を忘れてはいけないことだろう。

第4章

ビギナーが知っておくべき「家主業」の極意12カ条

第1条

情報は　多方面から　集めよう

不動産会社主催のセミナーは営業ツールである

ここまで収益不動産の購入、賃貸経営の始め方について、一通り説明してきた。ここからは、家主業で成功するための秘訣を「ビギナーが知っておくべき『家主業』の極意12カ条」として、紹介していこう。私がこれまでに取材した、家主業で成功した実際の家主たちの仕事のやり方、成功談や失敗談など、できるだけ具体的な事例を紹介しながら、「家主業の極意」に迫っていきたい。

新しく何かを始めるとき、まずはそのテーマに関する情報を、さまざまな角度から幅広く集めるだろう。情報の集め方次第で結果が大きく変わってくるのが家主業である。今、「不動産投資」に関しては情報があふれているといっても過言ではない。書店に足を運べば、不動産投資専用の書棚はあるし、インターネットで「不動産投資」と入力し検索すれば、もの凄い数のサイトやブログ、動画、ＳＮＳのページが出てくる。投資や資産運用の分野で、不動産投資はかなり大きな存在感を示すようになっている。

一方で、その情報を一つ一つ見ると、さまざまな投資手法がある。第2章でも紹介したように、不動産といってもさまざまなタイプがあり、どの不動産をどんな方法で購入したらいいのか、迷ってしまうのではないだろうか。

しかし、迷っていても前に進めない。そこでまずは専門家の話を聴こうと考え、収益不動産サイトの「健美家」や「楽待」に掲載されている不動産投資セミナーに参加して情報を集めるビギナーは多い。セミナーに参加することは確かに情報収集の一つの手段である。ただし気をつけなくてはいけないのは、そのセミナーの多くは不動産販売業者が主催しているということだ。そのことをきちんと理解して参加するのであれば問題はないが、そうでない場合、販売業者の上手なセールストークに乗せられ、不本意な不動産購入をしてしまうケースもある。

例えば、本書でも何度か解説した「かぼちゃの馬車」を購入した家主たち。私は取材で数人に会っているが、彼らの情報収集の方法は、まさに販売業者のセミナーだった。「どこの不動産会社で不動産を購入するのがいいのか」という目線で、情報収集をしていたのだ。

基本的に、不動産販売会社は不動産を販売することが商売なので、ネガティブなことは極力説明しない。たとえ説明したとしても、そのネガティブな内容を打ち消すほどのメリットを声高に強調する。ビギナー側も、不動産を購入したくて仕方ないから、その販売会社の営業担当者の話に少し不安を抱きながらも、「不動産は同じものが二つとありません。今、決めないと他の方に紹介してしまいますよ」と発破をかけられると、「それならば」とよく考える間もなく買うことを決断する。

そういう人は、実際には1つか2つ程度のセミナーに参加しただけで決めてしまうのだ。多少のリスクがあっても、買いたくて仕方のないビギナーは、販売会社に「大丈夫、あなたなら買えますよ」などと言われると舞い上がってしまうからだろう。

不動産の世界は金額が高いモノを扱うだけに、玉石混交だ。もちろん良心的な不動産販売会社もある。その良心的な販売会社を見つけ出せないと、せっかく不動産を購入できても後から苦労する羽目になる。

だからこそ情報は多方面から集めることが重要だ。まずは不動産投資と名の付く書籍は片端から読もう。うまくいっている家主たちは基本的に数十冊は読んでいる。これまで取材した家主の中には「読んだ本は100冊を超える」という人もいた。収益不動産を購入するときにどんなことをしたらいいのか、どんなことに注意したらいいのかなどは、先輩たちが経験してきたことや専門家によるアドバイスなどで知ることができる。

ただし、不動産投資本もまた、玉石混交であることは留意しておきたい。特に近年は不動産を購入してまだ5年も経っていないような人が、まるで自分は「成功者」のように本を出版しているケースが目立つ。家主業はたった5年くらいではうまくいったかどうかは正直わからない。むしろ買った当初は儲けやすく、徐々に収入が減り、借り入れの返済が終わったころ、また増えていく傾向にあるのだ。その理由はまた後述するが、家主歴が10年未満の人が書いた本については、参考程度にとどめておいた方が無難だろう。

「家主の会」を知っていますか？

情報収集の方法は、販売業者によるセミナーと書籍ばかりではない。近年全国的に増えている「家主の会」に参加してみるのも有効だ（巻末の「全国の主な家主の会」参照）。

「家主の会」とは、家主が主催する家主のための仲間づくりの会であり、弊社が把握しているだけでも全国に100近くある。家主の会の運営方法は大きく分けて2つのタイプがある。定期的に勉強会を開催する会と懇親会のみを行う会だ。

定期的に勉強会をする会の中にも、毎月行っている会もあれば、隔月、年に3、4回など開催頻度はさまざま。講師は、弁護士や税理士、建築士など会のメンバーの顧問先の士業の専門家、自身の賃貸経営を語る家主、新しい商品やサービスの紹介及び市場トレンドなどを不動産業に関連する業者が話すケースもある。最も特徴的なのは、家主自身による講演が多いことだろう。家主自身による成功談や失敗談、自らの経験に基づいた経営姿勢などのリアルな話は大いに刺激になる。勉強会を行う会では、たいてい懇親会も行っている。

会に参加し仲間をつくることで、家主同士だからこそ入ってくる情報が得られる。同じ家主として悩みを相談できる人たちもいる。仲間の輪をつくることで、良心的な不動産会社を紹介してくれたり、金融機関を紹介してくれたりもする。こうした家主のネットワークは貴重だ。

家主の会では、物件見学会も行われている。物件見学会というと、住宅メーカーや建築会社が、自社で建てたアパートや賃貸マンションを見込み客に披露し、営業することを目的として行うものが多い。

一方、家主の会や仲間内で行う見学会は、空室が発生したタイミングやリノベーション工事が終わったタイミング、あるいは新築したタイミングで、「参考になるかもしれないのでよかったらどうぞ」という形で行う。住宅メーカーなどが行う見学会と違うのは、その建物の家主がどのような考えで、どれくらいのコストをかけ、賃貸経営をしているのか。建物や設備などのハード面だけでなく、運営方法も含めて何に注力しているのかなどを知ることができることだ。さらに、リノベーションや新築など工事を依頼した会社の対応の良し悪しや、入居募集を担当する不動産会社の反応などを聞くことで、参加した家主たちは自身の賃貸経営に生かすこともできるのだ。

まだ不動産を持っていないのに、家主の会に参加するのは気が引けるという人もいるだろう。その場合は、ブログやSNSで発信している家主をフォローして、知り合いになるという手もある。「不動産投資　ブログ」や「大家　ブログ」などのキーワードで検索すると、いくつも出てくる。

いろいろな人がいるので、全員参考になるというわけではないが、「この人の発信する情報はためになる」と思う人のブログや投稿を見て、コメントをしてみる。ブログやSNSで発信する人にとって、読んでくれる人の反応はうれしいものだ。頻繁にコメントをくれる人に対しては、好意的に見てくれる傾向がある。コメントを何度かしてみて交流が増えてきたら、聞きたいことについて、質問を投げかけてみるのも手だろう。全員が返答してくれるわけではないが、返答してくれる人もかなりの割合でいる。ただし、その質問内容が、少し勉強すればわかるような内容だと相手にされないこともある。質問内容は吟味しつつ相談してみれば、「今度こんな集まりがあるので来ませんか」などとお誘いがあるかもしれない。ブログをきっかけに、家主仲間を増やしたという人も大勢いるのだ。

初心者で、家主仲間を増やすことはハードルが高く感じられるかもしれないが、先輩たちは貴重な情報源であり、彼らの意見を聞くことは学びになる。

こうして情報収集のルートを増やしていくと、今度はさまざまな投資手法があって迷ってしまう人も多い。迷ったときは、自分が収益不動産を購入する目的を明確にすること、そしてその情報が本当に有効なモノか、怪しいモノかを見極める力が重要になってくる。その2つさえきちんと持っていれば、大きく失敗することはない。

データをもとに自分なりの仮説を立てる

「不動産投資法に正解なし」

こう話していたのは、サラリーマン時代の2006年に1棟目の不動産を購入し、2019年9月現在、10棟173戸の賃貸住宅を所有する大阪府在住の松田英明さんだ。「関西大家の会」の代表も務める松田さんは次のように指摘する。

「ある物件を購入した場合、その人には良い投資であっても、別の人には悪い投資かもしれない。なぜなら、それぞれが目指すゴール、それぞれの資産背景によって、投資法の正解は変わるからです。特定の投資法だけを取り上げて肯定したり、否定したりするのは全くナンセンス。成功体験は、あくまでその人が目指したゴールや持ち合わせる能力、資産背景から導き出されたもの。成功者の投資法をそのまま真似をするだけで、すべての人が成功できるなんていうことはない。投資家が一番考えるべきことは、ゴールから逆算することです。専業大家を目指すのか、将来の老後対策なのか、単なる資産運用なのか。そういった具体的な目標が一番大切です」

本書を手に取って読んでくださっている方は、まずは老後の安定した収入源をつくるという目的の方が多いのではないだろうか。しかし、本書を読み終わったときには、サラリーマンは早めに卒業して、できれば専業家主として収入を得ていきたいと考える人もいるかもしれない。あるいは現在は違う商売をしているけれど、将来続けていくことに不安を抱いた人が転業を検討するケースもあるだろう。さらに、ある程度資産ができたので、子供に円滑に相続させたいと考える人もいるだろう。いずれにしても、松田さんが指摘するように、どのような手法で不動産を購入し家賃収入を得ていくのかは、目的、これまでの経験によって異なるというわけだ。

「知識があれば賃貸住宅経営のリスクは確実に軽減できる」と話す松田さんは、例えば、人口減少は家主業において決してリスクではないという。リスクとは不確実性であり、人口減少は、さまざまな角度から将来の推計値が公表されていて、経済に関する数値の中で最も確度の高いものの一つだ。その数値を考慮した上で家主業を営めばいい。多くの人は、その背景を理解しようとせずに数値だけを鵜呑みにし、リスクと騒いでいるだけで、自身は本当のリスクとは思っていないというのだ。

そんな松田さんは、サラリーマン時代、企業の研究所に勤務していた。上司からは、研究者として重要なことは「正確なデータを取る」「データから仮説を立て考察する」と教わった。このことが今の家主業に生かされているのだという。

「賃貸物件の表面利回りや実質利回りなどを調べる場合、まずはエクセルに落とし込んでみることが大事。感覚だけでやってしまうと、私のように1代目として始めた家主はバックボーンがないので、足をすくわれてしまうリスクがある」と松田さんは話す。初めて購入した不動産は

2億3000万円でフルローンだった。だがシミュレーションし、納得して購入したから恐怖は全くなかったという。

実際、14年経った今でも安定的な運用ができているそうだ。

家主業に限った話ではないだろうが、事業である限り経営判断する上で多くの情報や知識は必要だ。その次に大事なのは、得たその情報や知識を活用することだ。活用する際には分析が必要になってくる。

例えば、賃貸住宅の空室率が高い、とある地域を想定しよう。よく調べてみると、この地域は単身者向けのワンルームが多いために空室率が高く、ファミリー向けの物件はほとんどない。地元の不動産会社の話によると、転勤者向けのファミリー物件が少なく、しかも戸建てだとすぐ決まるようだ。そうであれば、中古の戸建てを購入し、見た目をきれいにリノベーションすればすぐに決まるのではないか。家賃相場が8万円程度だから予算は600万円程度で表面利回りは15%くらいが妥当。リノベーション費用も考えると、築20年後半~30年を500万円前後で購入できれば悪くない――、というように、まず自身で仮説を立てる。

その仮説が見当違いでないかどうかを、家主仲間や付き合いのある不動産会社に話してみるというのは有効な手段だろう。ただし、家主仲間に相談するときは、その対象物件には基本的に興味を持ちそうもない人に相談した方が無難だ。その分析を良しとして、先に買われてしまう可能性も無きにしもあらずだからだ。

仮説を立てるには、知識と情報が必要だ。前述の仮説を立てるには、表面利回りはどの程度が目安で、中古物件には改修工事の予算がある程度必要であること、賃貸市場には表面的なニーズと潜在的なニーズがあるという知識が必要となる。情報としては、地域の空室率、空室率が高い理由、想定できる入居者ターゲット、家賃相場などだ。ベースとなる知識と生きた情報を総合して判断することで、リスクを最小限に抑えることができる。

600万円程度の不動産ならば、現金で購入できる人も少なくないだろう。表面利回り15%で計算上では7年ほどで投資分は回収できる。入居者が決まって、7年間のうち1度は入れ替わりがある可能性を考え、入れ替わり時期の空室期間による家賃ロス、原状回復費用などを加味しても、8年あれば投資分は回収できる。9年目からは基本的に家賃収入分が新たな収入源となる。だが、築年数は購入当初よりも古くなるため、家賃は少し下げないといけないことは覚悟しなければならない。仮に10年後に家賃が1万円下がったとしても、毎月7万円の家賃収入が得られれば、月々の給与をそれだけ上げることが困難なサラリーマンとしては有難いだろう。

ここで気をつけたいのは、想定外の事態もあり得るということ。もし、大地震が発生すれば、しばらくは賃貸入居者が募集しにくくなる。あるいは近隣で土壌汚染などが発生すれば、事態はもっと深刻だ。災害などが起きた際にも慌てないように、資金的に余裕を持って不動産を購入すること。そのためにも、早期で投資回収できる不動産から始めることは、「家主業のリスク」を最小限に抑えるという意味でも重要だ。

震災、台風の被害はこれまでも起きている。こうした災害時に家主たちはどのように対応したのか。関心を持ち、調べておけば、いざというとき役に立つはずだ。

入居希望者を案内したいとかかってきた1本の電話

東京都豊島区の不動産会社に、他の不動産会社から、貴社が管理を任されている物件の空室に入居希望者を案内したいと内見の依頼があったのは、ある土曜日の夕方だった。

担当者の名刺をファクスで送ってもらって確認し、管理物件に設置している部屋の鍵が入ったキーボックスの場所と暗証番号を伝えた。

Column

同社の社長が異変に気づいたのは翌日のこと。内見の結果を聞こうと、名刺にある電話番号にかけたがつながらなかった。不審に思って名刺に書いてあった宅建業者の免許番号を照会すると、なんと「該当なし」。

最近よく聞く、空き物件を悪用した不正な宅配受け取りなのかもしれない。こう思った同社の社長は、警察に相談。アドバイスを受け、自作の空室悪用防止のシールを集合ポストとドアポストに貼り付けに行ったところ、銀行からのキャッシュカード作成の郵便物と宅配便不在票複数点の物証を押さえた。すでに受け取られた「不在票」の荷物の中身は、詐欺被害者が送った現金だったようだ。後日、北海道の警察から、空き部屋利用詐欺事件で名刺に書いてあった人物が逮捕されたと連絡があった。

ネット通販の利用者が増えている中、クレジットカードの番号を盗み不正に商品を購入するケースが増加している。ネット通販大手の楽天によると、2015年に9万件約72億円分の不正配送の注文を止めており、配送先の9割は賃貸住宅の空室だという。犯罪者は、不正に購入した商品の受け取り場所として賃貸住宅の空室を利用しているのだ。

「不審な問い合わせに対しては、名刺のファクスだけでなく担当者の身分証を送らないと内見させない、といった対策を打ち出すことが必要ですね。この後に似たような問い合わせがありましたが、それは未然に防ぐことができました」と社長は語る。

第2条

バラ色の　セールストークに　トゲがある

「自己資金ゼロでも買えます」

不動産情報は、基本的に不動産会社から得るケースが多い。新築であれば、新築不動産の販売会社、中古であれば仲介会社か、再販会社だ。家主の仲間がいない人の場合、不動産について教えてくれる人は不動産会社の営業マンしかいないため、つい彼らの話を鵜呑みにしてしまいがちだ。

「自己資金ゼロでも買えます」「初心者で不動産について知らなくても大丈夫。私たちがサポートします」「ここでしか手に入らない物件情報があります」などなど……。

営業マンはこうしたトークで不動産販売の営業をする。この3つのトークだけで、不動産購入の障壁は低く、素人でも簡単に始められるものだと思ってしまう人も少なくない。しかし、ここまで本書を読んだ読者の方たちであれば、これらのセールストークに問題があることに気づくだろう。

「自己資金ゼロ」については、2017年までと異なり、現在、金融機関の不動産投資に対する融資姿勢が厳しくなっているため、アパートや一棟マンション、戸建てなどは自己資金がないと購入しにくくなっている。ワンルームマンションなどの区分マンションはフルローンでも購入可能だが、フルローンで購入すると、返済比率が高いため、家賃収入の大半が返済に回ってしまい、空室が発生したらプライベートの預金口座からローンの返済を行わなければならなくなる。フルローンのリスクを知って不動産を購入しないと、資産を増やすことを目的に始めたのに、気づいたら減っていたということになりかねないのだ。

「不動産について知らなくても大丈夫」

サブリースは、第1章でも紹介したように、家主が所有する賃貸住宅を1棟丸ごと全戸借り上げてくれるため、空室という賃貸経営における最大のリスクを回避できる。いわゆる「安定した家賃収入」を保証するのがサブリース契約であり、家主が委託するメリットになる。安定した家賃収入を保証してくれるばかりか、入居者募集、家賃集金、問い合わせ、退去の手続きまですべて行うので、サブリース契約付きとなると、素人の家主たちは「これは楽だ」と思って喜んで契約してしまうのだ。

だが、サブリースにはデメリットもある。空室リスクは回避できるが、家賃を下げられてしまう可能性がある。サブリース会社は、上場企業であっても、「借地借家法」では社会的立場の弱い

「賃借人」であり、その賃借人が持つ「家賃の減額請求権」という権利が認められているからだ。

さらに、サブリース会社からはサブリース契約を解約しやすいが、社会的立場の強い家主は、正当な理由がない限り一方的に解約することができない。上場企業という資本力のあるサブリース会社と個人の家主の権利関係が、上場企業の方が有利という逆転現象が起きていることも問題を難しくしている。

なぜなら、契約書の原案を作成するのは、基本的にサブリース会社側であり、その内容は、素人の家主では解読しにくい文書で記載されているからだ。何が問題なのか、一般人では見極めることができない契約内容になっており、法律の専門家に確認してもらうと、「この文言が家主にとって不利になる」という内容が含まれているケースもある。そのため、サブリース契約あるいは売買契約をする際は、第三者の立場にある専門家に確認してもらうことがリスクヘッジになる。

さて、実際、サブリースは家主にどのように不利に働くのだろうか。

例えば、サブリース契約付きの中古区分マンションを購入した場合、サブリース契約付きなので、空室リスクは回避されるが、相場と比較すると、安い賃料で貸していることに気づいたとする。そこで、サブリースでなければ、もっと高い家賃で貸せると思った家主は、サブリース解約を申し入れる。ところが、サブリース会社が首を縦に振らないと解約できないのだ。実際、フルローンで、5年後に更新となるサブリース付き中古区分マンションを購入した人がいたが、月々の家賃収入から借り入れ返済分を引くと、ほとんど手元に残らない状況で、サブリースを解約したくてやきもきしていた。

一方、サブリースでなく、通常の管理委託契約についても注意が必要だ。

「管理会社が入居者募集や家賃集金、入居者からの問い合わせにも対応してくれるので、問題ないですよ」というトークがある。この件も、管理を管理会社に任せることは、すなわち素人でも家主業がラクにできるという意味ではない。

確かに日常的な管理業務については、基本的に管理会社が行うため、サラリーマンをしながらの運営自体に問題はないが、空室があるときは、管理会社に任せているだけでは問題は解決しない。

管理会社は、一人の家主の一つの建物の入居者が決まらなくても、所有者である家主ほど危機感はない。空室があれば、その分の管理費が入ってこないというデメリットはあるが、他の管理物件で決めやすい案件を優先した方が効率がいいケースもあるからだ。

入居者がなかなか決まらない物件について、管理会社は家賃の値下げか、新しい設備の導入か、室内のリノベーションを提案するケースが多い。しかし、何が本当に有効なのかを判断するためには、家主自身に知識と情報が必要だ。

さらに、最近暗躍している「なんちゃって不動産コンサルタント」は、自分に任せてくれれば、失敗しない不動産投資を指南するとばかりに物件を紹介する。彼らはインターネットに多くの罠を仕掛け、その罠に引っ掛かったカモとなるビギナーたちに、「親身になってサポートする」人の顔をして接触してくるが、彼らは宅建業者でないことが多く、たいてい契約時になると不動産会社を紹介し、急に連絡が取れなくなる。彼らは不動産会社にお客を紹介し、成約すればフィーを受け取るために活動しているというわけだ。相手が素人であることを見越して、いい加減な契約書にサインをさせられてしまったという話もよく聞く。結局のところ、「不動産について知らなくても大丈夫」というのは、全くの間違いだ。

「ここでしか手に入らない情報あります」

不動産会社の中には、収益不動産をあまり表に出したがらない会社が少なくない。なぜ、出したがらないのか。理由は主に2つある。

一つは、広く物件情報を公開することで、売れ残ってしまった場合、長い期間募集が出ている「出回り物件」と思われてしまうこと。出回り物件となると、「この物件は、長い間、買い手が付かない魅力のない物件なのではないか」と思われてしまって、さらに売りにくくなってしまうからだ。もう一つは、売主が物件を売却することを広く知られたくないという場合。不動産を売却する理由は、後ろ向きなケースも少なくない。そうした場合は、不動産会社は、情報をできるだけ表に出さずに売却しようとする。

こうした状況の場合、「ここでしか手に入らない情報」という言い方は、確かに間違っていないかもしれないが、その情報の良し悪しは、また別の話だ。やはり、不動産会社が紹介するこの「ここでしか手に入らない情報」が、自分にとって価値あるものかどうかを見極めるための、知識と情報が不可欠になってくる。

「早く決めないと他の人に紹介してしまいますよ」とせかされたとしても、不動産は決して安い買い物ではない上に、ビギナーにとっては最初の購入となるので、つまずきたくはないだろう。慎重に物件を見極める力が必要だ。

不動産会社の目的は、不動産を販売することにある。不動産会社の中には、良心的な会社もある一方、販売するためには手段を選ばない会社もあるということを知っておくべきだろう。昨今、不動産投資に関する事件の多さが裏付けているように、特に収益不動産を取り扱う会社は玉石混交であることを肝に銘ずべきだ。

営業マンのセールストークを鵜呑みにした人たちの末路

ここで、不動産会社の営業マンのセールストークを鵜呑みにして大変な目に遭った人たちを紹介する。

まず、投資用ワンルームマンションを営業マンに言われるがまま買い進めて、結局、損切りで売却したサラリーマンの笹川さん（仮名）。

「1つしか持っていないから不安定になるんですよ」

不動産会社の営業マンにこう言われ、3戸購入してしまったことを後悔しているという。

悪夢の始まりは2006年。新築分譲マンション業者から電話営業されたことがきっかけで、1戸購入したことだった。「老後対策として、また節税対策としてもいい商品ですよ」と勧められて契約。営業マンに言われるがままローンを組み、その後の賃貸管理は販売会社の系列の管理会社に任せることにした。購入当初は新築とあって家賃も高く、入居も安定していた。収支も毎月の手残りこそわずかだったが、マイナスになることはなかった。

ところが、数年経つと周辺に新築ワンルームマンションが多く建ったことから、空室期間が長くなり、家賃の値下げを余儀なくされ、その結果、収支はマイナスに。これからどうすればよいのかと担当の営業マンに相談した。そこで、冒頭のセリフを言われ、2戸目と3戸目を購入してしまったが、結局やりくりするのは大変だった。

担当の営業マンに電話すると、すでに退職していた。サラリーマンとしての収入があるので、不動産収支のマイナスを何とか補填することはできたが、退職後の見通しに不安を感じ、結局、売却を決意した。

何のための不動産投資だったのか——。損切りせざるを得なかった笹川さんは、自らの安易な不動産投資に猛省したという。

次に、世間を騒がせ、本書でもすでに何度か紹介している投資用シェアハウス「かぼちゃの馬車」のオーナー関口さん（仮名）。

「こんなはずじゃなかった」

都内に住む40代サラリーマンの関口さんは、こう言ってうなだれた。

2016年に、スマートデイズが運営するシェアハウス「かぼちゃの馬車」を購入した。購入のきっかけは、スルガ銀行の支店で開催されたセミナーに参加したことだった。「都内の新築不動産で利回り8％」「東京で働きたいという地方にいる女性を応援するシェアハウス」「賃料0円でも儲かる新不動産ビジネス」などと聞こえのいい言葉が並べられたスマートデイズ元社長の話に、「これはいい」と共感し、購入を決意した。

都内に自宅以外の不動産を持てるステータス感、銀行の預金金利や投資信託よりもはるかに高い利回り、新築というプレミア感、さらに、賃貸経営で不安な空室による家賃収入の不安定さを払拭する家賃外収入を得るビジネスモデルと、女性の社会進出を支援する貢献度の高いビジネス。これだけ聞けば、不動産のことなど何もわからない一般サラリーマンでも「うまくいく」と信じてしまうのも無理はない。

セミナー参加後、購入を決意した関口さんは、半年後には、シェアハウスオーナーとして家賃収入を得ることになった。セミナーの説明通り、毎月定額の家賃が振り込まれた。当時は、その振り込みが続くと思って疑うことはなかった。

だが、それから1年後。支払う家賃の変更に関する通知が届いて、安定した生活は一変した。運営していたスマートデイズが、オーナーに支払う毎月の家賃を全額は支払えなくなったというのだ。当面、銀行への借金返済額のみの支払いになるという通知と同時に、銀行との融資交渉を勧める案内が同封されていた。

「これは危ない」

そう思った関口さんは、融資を受けたスルガ銀行へ返済条件の見直しを相談したり、知り合いの不動産会社、弁護士などに、今後の対応について相談した。家賃全額が振り込まれなくなる日も近いのではないか、と戦々恐々としていたが、その不安は的中した。

2018年1月、スマートデイズからオーナー向け説明会の案内が届き、出席したところ「オーナー様に家賃を支払うことが困難な状況です」という説明があったのだ。聞けば、サラリーマンや医者などに、シェアハウスを販売し急拡大してきた同社だったが、入居者獲得に苦戦し、全体の入居率はわずか30%台だった。会場内には「なぜ、こんなことになってしまったのか」と、頭を抱えるオーナーの姿が多く見られた。

その後、スマートデイズは倒産。関口さんは管理を別の会社に委託した。家賃は下がってしまったものの、スルガ銀行との交渉でなんとか金利を下げ、元本返済も待ってもらっている状況だ。しかし、運営の今後の見通しは明るくはない。なぜ、こんなシェアハウスを買ってしまったのか――。高すぎる勉強代の代償は大きくのしかかっている。

物件選びから購入まで編［その2］

第3条
割安の不動産にはワケがある

「高利回り物件」8つの理由

不動産投資家が書いた書籍やブログなどでよく出てくるのが、「高利回り」という言葉だ。前の章でも説明しているが、「利回り」とは、投資額（不動産購入額）に対するリターン（家賃収入）の割合のことで、収益性の目安となる。当然、「高利回り」とは「高収益」ということで、不動産情報にある「高利回り物件」という文字は、収益不動産を購入しようとする人たちの目には魅力的に映る。高利回り物件とは、価格が安い割に高い家賃収入が得られる物件のこと。つまり、いかに割安な物件を探せるかどうかがポイントだ。

まず、留意しておきたいのは、不動産に限らず、割安なモノには当然割安な理由があること。その理由をしっかり押さえておかないと、買った後に「こんな物件買わなければよかった!」と後悔することになる。

不動産が安い理由は、買いたいと思う人があまりいない、つまり人気がないということだ。そこで、まず不動産で人気がない物件の特徴を挙げてみよう。

❶建物が古い
❷立地が悪い
❸空室だらけで家賃収入が少ない
❹借地権が付いている
❺土地に接道がなく建て替えができない
❻事故物件である
❼特殊な物件である

❽ 売主に事情がある

主に以上の8つの理由がある。この8つの理由をさらに分析して、高利回りで運用できる可能性があるか、可能性があるとしたら何がポイントになるかを探ってみよう。

建物が古い——リフォーム費用にご注意を

建物が古い物件は、実は最も高い利回りを狙える可能性がある。その理由は、立地が良い場合でも古いというだけで家賃を低く設定していることが多いため、リフォームにより、高付加価値物件に再生しやすいからだ。「高利回り投資で成功した」と標榜している人の多くは、築年数の古い物件を購入し、リフォームにより内装の見た目を良くして家賃を上げて貸している。リフォーム費用を抑えるために、家主自らDIYで壁紙や床材を張り替えたり、塗装したりするケースもある。

ただし、屋根や躯体に問題がない建物であるかどうかを必ず確認しなくてはいけない。築年数が古い戸建てを購入し、内装をおしゃれに改装して賃貸し、すぐに入居者は決まったものの、建物が傾いていたことで訴えられそうになった、などという話もあるからだ。

近年は「ホームインスペクション」と呼ばれる建物診断が注目を集めている。アメリカでは、不動産取引時に行うことが義務化されている。日本でも、2018年4月から、中古住宅の売買時に、不動産業者がホームインスペクションについて買主や売主に対して説明することや、ホームインスペクション業者（住宅検査事業者）を紹介・斡旋できるか告知することが義務化された。ホームインスペクションは有料だが、ホームインスペクションを行っていない建物の場合は、自己負担してでも行った方がいい。買う前に問題の有無が明確になり、リスクを回避することができるからだ。

また、古い建物を安く購入するときには、「瑕疵担保責任」についても知っておくべきだ。「瑕疵」とは、使用上、当然有しているべき性能などを欠く状態をいう。

例えば、シロアリ被害や雨漏りなどだ。売買の目的物に、買主が発見することのできない「隠れた瑕疵（欠陥）」があるときは、買主は売主に対し、損害賠償や契約の解除を請求することができる。

瑕疵担保責任期間は、売主が個人の場合は、通常引き渡し後2〜3カ月、売主が不動産会社の場合は2年以上となっている。しかし、買主は、この「瑕疵担保責任」があるから安心だと思ったら間違いで、こうした欠陥が期間を超えて発見されると、そもそも瑕疵があったのか、経年劣化が原因なのかが判別しにくいため、売主の責任を追及できないこともある。そのため、ホームインスペクションが推奨されるのだ。

一方、「瑕疵担保責任免責」というものもある。築年数が古い中古物件の場合、個人が売主の場合は、そのままの状態で売るため、その後は何があっても買主の自己責任であり、売主は瑕疵担保責任を負わないというもので、あえて売主の瑕疵担保責任を不動産売買契約書の特約により無効にして、価格交渉の切り札にするケースだ。いずれにしても、建物が古いということは、建物自体にリスクがあることを知っておくべきだろう。

2020年4月から改正される民法では、「瑕疵担保責任」という名称が「契約不適合責任」に変わる。買主は解除、損害賠償以外に、追完請求（修補、代替物引き渡し等）や代金減額請求ができるようになる。

さらに、古いアパートや一棟マンションで気をつけなくてはいけないのは、退去が発生したときだ。購入当初は、空いている部屋のリフォーム費用を予算として組み入れて収益性を考える。ところが、購入後、退去が発生すると、退去した部屋もそのままの状態では貸しにくいことから、リフォームをする必要が出てくる。この退去のタイミングが重なると、予想していなかった出費がかさみ、たちまちリフォーム費用が足りなくなる。

家主たちはよく、賃貸経営をもぐらたたきに例える。アパートやマンションの空室を埋めてせっかく満室にしても、また退去の知らせが入ってくるというわけだ。

以前、家主のこんな話を聞いたことがある。

甲信越地方に住む河野さん（仮名）は、数年前、地元で築約30年のRC造マンションを購入した。購入価格は4000万円弱で、満室時の年間家賃収入が800万円以上と20％を超える高利回り物件だった。ところが、3年後にはその高利回り物件を手放すことになってしまった。

取得時、かなり建物が傷んでいたことからオーバーローンで4800万円を借り、物件取得費の残りをリフォーム費に充てることにした。実は取得時は全18戸中半分が空室だったが、リフォームをしたところすぐに満室になり、所有していた3年間の平均入居率は90％を超えていたという。それにもかかわらず、なぜ手放さなくてはいけない事態になったのか。

月間家賃収入は平均して75万円で、そのうち借り入れ返済額は40万円。手元に毎月35万円残るはずだったが、実際はマイナスになる月もあったという。古い建物だけに、取得時は空室でなかった部屋に退去が発生すると、その都度リフォームをしなくてはいけなかった。その額1戸当たり最低20万円程度。空室が発生してリフォーム業者に連絡すると、「今の時代、おしゃれな内装でないと決まりませんよ」と言われ、その金額は予算を上回ることもしばしばあった、と河野さんは話す。

その上、固定資産税が年間80万円、保証協会への支払いが年間100万円、そして、不動産所得が増えた分、国民健康保険の保険料も値上がりした。想定していなかったさまざまな費用の負担が大きくなり、持ちこたえられなくなった。マンションを売りに出したところ、運よく4400万円で売れ、借り入れは全額返済することができたという。

河野さんの例のように、「利回り」の高さだけに注目すると、実際購入できて家主になったはいいが、思いのほか支出がかさみ、持ちこたえられないケースもある。経営するに当たっては、収入だけでなく、どのくらいの支出が発生するかを十分に検討する必要がある。

利回りは、あくまでも不動産の収益性の一つの目安に過ぎない。自己資金をどのくらい準備できるのか、収入だけではなく、支出の金額や内容を試算し、キャッシュフローを十分考慮して買うことが必要だ。

立地が悪い――未開拓の潜在的な需要を掘り起こす

立地が悪いと聞くと、多くの人は、「交通の便が悪いエリアに住みたい人は少ないのではないか」とか、「人口が少ない地方都市は大都市圏と比べるとリスクが高い」とか、「郊外は人気薄だろう」などと考えがちだ。しかし、立地の良し悪しの判断は、自分自身の限られた経験や一般的な常識だけで行うと、うまくいかない。

大都市圏では、駅からの距離が賃貸経営に大きく影響する。電車移動が主の都市部の賃貸住宅では、駅から徒歩10分を超えると入居希望者に敬遠されやすい。単身者向けの物件であればなおさらだろう。そのため、収益不動産の価格は駅から遠いと安くなる。入居者募集も容易ではない地域が大半だろう。しかし、例外もある。その例外を見つけられるかどうかが、実は一般的に立地が悪いといわれる物件で、高利回りでの経営を可能にするポイントだ。

駅から徒歩20分かかるような立地の物件であっても、「再生できる」と見込んだら購入し、10年で200戸ほど所有しているのは、東京都と福岡県を主な拠点とする天野真吾さんだ。

天野さんが中古物件を購入するときに重視しているのは、入居需要はあるのに運営方法に問題があるため空室率が高い物件かどうかだ。そもそも入居需要がない物件を再生させるのはハードルが高く、運営方法に問題がない物件は収益率の改善の余地があまりないからだ。「一般的に優良物件は駅から近い立地というケースが多いが、より重要なのは需給バランス。駅から近くなくても満室にできる物件はある」と話す。こうした考えの背景には、天野さんの前職時代の経験がある。前職のIT企業では、長年ITを使った事業再生提案を行ってきたが、事業再生のポイントは運営方法の改善というケースが多かったという。

例えば、某アミューズメント施設を担当していたとき、ハンディキャップがある人も健常者と同じように楽しんでもらいたいと、優先チケット発券システムを導入したところ、障がいのある人たちからはもちろん、健常者からもいい経験ができたと評判が良く、顧客満足度も運営会社の収益性も同時に高めることに成功。賃貸住宅についても、運営方法に問題があっても、それを解消できればたいがいうまくいくと、天野さんは話す。

天野さんの1棟目の購入物件は、福岡市内の最寄り駅から徒歩20分ほどの場所にある間取りが1K全15戸のRC造マンション。購入時の空室率は55%だった。多くの人は、半数以上空いていることの状態を知ったら諦めるだろうが、天野さんは現地に足を運び、購入を決めたという。

このマンションがあるエリアは教育施設が多く集まる文教地区で、分譲マンションが多く、賃貸住宅は分譲マンションで賃貸用としている一部のファミリー向けと古いアパートくらいしかなかった。天野さんは、単身者向けの需要はあるのに、競合となる物件が周りにほとんどなかった点に着目した。空室率が高い理由を調べてみると、元の家主が相続で引き継いだ物件で、経営意欲があまりないことが現地で建物を見てわかったという。

このマンションを5000万円で購入し、購入後リフォームをした。当時サラリーマンだったこともあり、購入後3カ月間は毎週末東京から福岡へ行き、工事等の進捗の確認や不動産会社回りをして満室にし、利回り12％で運用できた。マンションは購入して8年後、8000万円で売却して、実に3000万円の売却益を得た。その後、売却で得た資金を次に購入する不動産に充て、資産をさらに増やすことに成功している。

富山県の多喜裕介さんは、田舎に特化して不動産を購入し順調に資産を増やしている。2014年に初めてアパートを購入し、5年で約90戸の賃貸住宅を所有している。多喜さんの強みは、土地勘があり、地域の情報が最も入ってくる地元に特化している点だ。

多喜さんが1棟目を購入したのは、周りが田んぼに囲まれた築年数の古いファミリー向けアパートだった。そんな地方都市の、さらに郊外の中古アパートを購入した最大の理由は、周辺相場より2割安い家賃を設定しても、満室時の表面利回りは30％を超えると試算できたからだ。裏を返せば、それだけ安い価格で売りに出ていたことになる。

「高利回り」という点に引かれて購入を検討する人は少なくないかもしれないが、ネックとなるのは立地。多くの人は、こんな田んぼのど真ん中に住みたいと思う人がいるのかと不安になるのではないだろうか。多喜さんは、この不安を、地元の事情をよく知っていることと、さらにその地域に関する情報を収集することで解消した。

ポイントは3つあった。

1つ目は、車社会の地方都市では、駐車場を確保できれば、その立地のデメリットは解消できること。むしろ家賃を安くすれば、それ自体を魅力だと思う人がいるはずだと見込んだ。

2つ目は、購入したアパートは、周辺が田んぼであっても、土地が安いためか近くに大きな工場が複数あったこと。複数の工場があれば、どこかが撤退したとしても、賃貸住宅の需要は引き続きあるので、十分やっていけると見込んだ。

3つ目は、アパートから車で10分程度のところに、翌年アウトレットモールがオープン予定だという情報を得ていたこと。

結果として、建物が古く空室には修繕が必要だった上に、募集力の弱い管理会社を途中から変更したことなどにより、購入から5カ月ほどかかったが、満室にすることができた。

2年半後に売却したが、それまでの間の家賃収入と売却益で1000万円ほどの資産をつくることができ、その資産は次に購入する物件の資金に充てることができたという。

そんな多喜さんは、「田舎というデメリットは、すでにわかっている欠点。しかし必ずしも解消できない欠点ではない」と話す。立地に難がある物件でも、その地域ならではの賃貸住宅の需要を見極めマッチさせることができれば、高収益物件に再生することができる。多喜さんが「レッドオーシャン」の都会より、「ブルーオーシャン」の田舎を狙う理由はその点にあるのだ。

空室だらけで家賃収入が少ない――解決できる原因であれば再生可能

初心者が、空室だらけの収益不動産を買うのは難易度が高い。現金で買えるならまだいいが、融資を受けて買うとなると、現状の家賃収入では返済額をまかなえず、空室が埋まるまで預金を切り崩さないといけなくなる。ビギナーが最初に購入する不動産は、空室があったとしても、現状の家賃収入で、少なくとも借り入れは返済できるものを買うべきだろう。

しかし、難易度が高いからこそ価格が安くなっているわけで、空室が多い理由次第では高収益物件に変えられる可能性もある。その理由が解決できる内容であれば、購入する価値は十分にある。

会員600人以上の家主の勉強会「名古屋大家塾」の塾長を務める石黒博章さんは、格安物件の再生で利回り20%以上を得ている。石黒さんは、不動産会社やインターネット、新聞の情報をもとに収益不動産を探し、気になる物件があれば、まず現地に向かう。ポイントは、その物件の近隣にある不動産会社を複数訪問することにある。

「地元の不動産会社なら満室の阻害要因を把握している。気軽に話してもらえるように時には缶コーヒーなどを渡し、話しやすい雰囲気をつくり出して聞いている」と話す。

1棟目に購入したのは、岐阜県にある重量鉄骨造のアパートで、全11戸のうち入居は2戸のみ。不動産会社を数社回って、なぜ空室が多いのか聞いてみると、不動産会社の営業マンは、部屋をリフォームしていないことを原因に挙げたという。そこで、購入後、すぐにリフォームを実施した。

重要なのはリフォームを行った後だ。室内の様子や、新しくした設備を撮影した写真と解説を掲載した広告資料を自身で作成し、地元の不動産会社を回った。募集する部屋の詳細がわかると、営業担当者は安心して内見に案内できるのだそうだ。努力の甲斐あって、半年後に空室9戸の入居者が決まり、満室になったという。

岩手県を中心に271戸の賃貸住宅を所有する小笠原淳さんも、空室だらけのアパートを安く購入し、コストパフォーマンスの高い内装リフォームにより満室にして高利回りを上げている。利回り20～30％台半ばの収益不動産を購入し運営しているというから驚きだ。

サラリーマン時代に長年営業を務めていた小笠原さんは、持ち前のフットワークの良さを生かし、不動産会社に人気がない理由を聞くのはもちろん、時には入居対象者にも、どのようなアパートを求めているかを直接ヒアリングしている。その情報をベースに入居者ターゲットを想定してリフォーム案を考える。

例えば、築36年で8畳一間、全18戸中12戸が空室という難物件を購入した。そのアパートは、学生が多く住むエリアにあったことから、大学生協の不動産部に足を運び、学生たちにどのような賃貸住宅だったら住みたいかと聞いてみた。

すると「家賃が安すぎると、何か理由があるんじゃないか不安になる」とか、「妥当な家賃の額は、3万5000円くらいかな」などという話を聞けたという。購入したアパートの家賃は、築年数が古いということもあって2万2000円だった。

そこで、室内を1戸当たり20万円ほどかけてリフォームし、床や壁には若者ウケしそうなデザインを取り入れ、家賃を3万5000~3万8000円に値上げして募集したところ満室になり、その結果、利回りも36%まで上昇したという。元の家賃でも20%と高い満室時利回りが想定できたが、付加価値を高めることによって、より高い利回りを得ることに成功している。

「入居者ターゲットは誰なのかを明確にして、そのターゲットが好むような内装に仕上げることがポイント」と小笠原さんは話す。ターゲットが学生の場合は少し派手なカラーを採用し、ファミリーの場合は落ち着いたカラーを採用しているという。

借地権付き物件――「土地は借り物」であることを忘れない

借地権付き物件とは、地主から借りている土地に立っている建物のことだ。不動産は、よほどの田舎でない限り、基本的に建物より土地の値段の方が高い。そのため、土地が借地の場合、土地代がない分、物件価格は安くなる。借地権付き物件は、建物が古いケースが多く、都心部の好立地でも安く購入できるため利回りは高くなる。しかし、この借地権付き物件には注意も必要だ。

資産運用の一つとして不動産購入を考えていた鈴木さん（仮名）。インターネットで、自称「不動産コンサルタント」と知り合いになり、都内の借地権付き一軒家を紹介された。好立地で家賃も高水準、買わない理由はないと判断したという。鈴木さんが不動産コンサルタントに購入の意思を伝えると、不動産会社の人だと思っていたコンサルタントは、「では、契約の諸手続きをしてくれる不動産会社を紹介しましょう」と言って、知り合いの不動産会社を紹介してきた。その不動産会社の営業マンは、多くの書類を持ってきて、鈴木さんに書類を次々に渡し、どんどん判を押すように促した。鈴木さんは言われるがまま判を押し、決済を終え念願の家主となった。入居者も募集するとすぐに決まったという。

ところが、6カ月後に悲劇が起こった。鈴木さんのもとに、地主から地代を滞納したとの理由で、借地契約の解除通知が届いたのだ。最初は何のことかわからなかった鈴木さん。たまたま、ある不動産の勉強会で知り合いになった不動産会社の社長に相談したことから、自身の置かれている状況がようやく理解できたという。

鈴木さんは、借地権付き物件を購入したにもかかわらず、地代を払わなくてはいけないことを知らなかったのだ。これには相談を受けた不動産会社社長も呆れたという。「借地契約書があったでしょう」と社長が尋ねると、「契約時にいろいろな書類に判を押したので、何が何の書類か正直わからない。おそらく家にあるとは思いますが」と答える始末だった。

通常は、地代の滞納がある場合、催告をしないと借地契約は解除できないが、催告をしなくても借地契約が解除できる「無催告解除特約」というものがある。借地契約の契約書等に「○カ月分の賃料滞納があった場合、催告をすることなく契約を解除することができる」などの特約が取り決められている場合、地主は催告せずに借地契約を解除することが認められる場合があるのだという。

鈴木さんから連絡がないので、その後、どうなったかはわからないと語る不動産会社社長だが、おそらく地主は、都心の好立地なので、底地（借地権の付いている土地）を取り戻せる絶好の機会だと思ったのではないかという。

借地権付き物件の場合、気をつけなくてはいけないのは、契約解除となったら、更地の状態で返さなくてはいけない点だ。鈴木さんは、投資額を丸々損するだけでなく、最悪の場合、解体費用も負担しなくてはいけなくなる。

「不動産投資の知識が不足したまま、安易に他人に言われるままに購入したことがトラブルの原因だ」こう話すのは、著書『新米大家VSおんぼろアパート〝赤鬼荘〟――満室までの涙の240日』（ごま書房新社）で家主業の大変さをユーモアを交えつつ紹介した、現在、不動産会社みまもルーム（東京都文京区）の社長を務める渡辺よしゆき氏だ。

鈴木さんのようなケースは、あまり多くはないだろうが、「自身で勉強せず、他人に頼って不動産を購入」という話は、本書で何度も紹介している投資用シェアハウス「かぼちゃの馬車」の家主と共通している。

借地権付き物件は、土地代がかからないため価格は安くなるが、金融機関の融資が付きにくい、借地契約条件によってはリフォームなどに制限がある、売却には地主の承諾が必要、建物が古いため売却先を見つけにくいなど、多くのデメリットがあることも留意しておくべきだろう。

再建築不可物件――接道する隣接地を購入できればチャンス到来だが

建築基準法上の道路に接していないため、建て替えができない土地を「再建築不可物件」という。当然、資産価値は低く価格も安い。また、再建築不可物件の多くが、建築基準法が制定（1950年）される前の古い建物であるケースが多い。

実際、再建築不可の土地とはどのような土地なのか。建築基準法上の道路は、原則として公道など幅4m以上のものだが、4m未満の道路でも、建築基準法上の道路とみなされる場合がある。これらの道路に2m以上接していない土地は、今後、建物を建築できない。地震や台風などの自然災害や火災などにより、建物が半壊、全壊した場合でも建て直しできないため注意が必要だ。

ただし、メリットもある。接道している隣接した土地が売りに出る可能性がある場合、売りに出たタイミングで購入すると、建て替え可能な土地を一気に取得することができるのだ。再建築不可の土地は、都心立地でも安く売りに出ているので、接道している土地を時価で購入したとしても、合わせて考えれば安く購入できる可能性が高い。

成功のポイントは、一にも二にも事前リサーチだ。初心者がこうした情報もキャッチして再建築不可物件を買うのは相当ハードルが高いかもしれないが、さまざまな知識や情報網を身につけ経験を積んだ上でなら、挑戦しがいのある物件といえるだろう。

事故物件——家賃を下げ、生活保護受給者を対象にして大成功

「事故物件」とは、過去にその物件で自殺や殺人、火災等の原因で死者が出たなど、一般的に居住することに躊躇する「心理的瑕疵」のある物件だ。所有するのはもちろん、借りるのも、事故物件を積極的に選びたいという人は少ないだろう。そのため、当然だが価格は安くなる。

事故物件の場合、不動産を仲介する宅建業者には、宅地建物取引業法上の「告知義務」がある。

ただし、どのような亡くなり方が対象か、時期は何年前までが対象かなど、「告知義務」の範囲については明確な内容は示していない。家主として事故物件の購入を検討する際は、購入後きちんと賃貸住宅として運営できるかどうかが大きなポイントとなる。

岩手県の松本昇さんは、決済直後にアパートの一室で孤独死をしている入居者が発見されたという経験を持つ。そのアパートは現在も持ち続けており、全16戸はほぼ満室稼働。購入して4年経つが、利回り22％の高収益物件だ。

松本さんが買ったこのアパートは、当時築35年の古い鉄骨造の2階建てアパートで、間取りは1Kで3点ユニットの単身者向け。お寺とお墓に挟まれた場所で、家賃は当時で3万円ほどだったが、半分は空室だった。

このアパートでの孤独死入居者を発見したのは、決済からおよそ1週間後。死後7日から10日が経過していたという。オーナーチェンジしたことで、管理会社のスタッフが、一軒一軒入居者を訪問したときに1人だけなかなか連絡がつかなかったことから、警察立ち会いのもと確認したのだ。

大半の人がこうした状況なら、どうしていいかわからず、途方に暮れるだろう。だが、松本さんは、「このアパートなら、生活保護受給者を対象に募集しよう」と考えた。冷静に状況を確認すると、既存の入居者に生活保護受給者や高齢者が多かったのだ。結果的には孤独死があったかどうかを気にする入居者は少なく、家賃を安く設定し募集したことから、無事に苦境を乗り越えることができた。

こうした発想にすぐに切り替えられたのは、家主業を始めた2012年から3年ほどの間、築年数の古い物件を購入し、地域で一番安い家賃、礼金・敷金ゼロに設定して、利回り30〜60％を得てきたからだ。古いゆえに、「なかなか賃貸住宅を借りられないような高齢者を受け入れている」と松本さん。高齢者は次に借りられる家を探すのが難しいことから、たいてい最期まで契約する。そのため、このアパートに限らず、孤独死を経験したことがあるという。だが、賃貸経営に大きな影響はこれまであまりないようだ。なお、管理は管理会社に任せている。

このような物件を持つこと自体がリスクだと考える人もいるだろう。しかし、実際問題として、入居者がいつ部屋で亡くなるかを予測することは不可能だ。孤独死するのは高齢者だけとは限らない。最近では中高年者の自宅での急死もよく耳にする。孤独死が発生した場合、家賃を安くして住みたいという人に貸すことで、リカバリーすることはできる。

あとは家主自身が気にするかどうかの問題になるようだ。

特殊な物件——オーナー宅付き賃貸住宅をシェアハウスに転換

収益不動産といっても、さまざまなタイプの建物がある。特に貸し方に頭を悩ませるのは、オーナー宅付きの賃貸住宅である。よくあるのは、最上階のワンフロアがオーナーの自宅で、その下の複数のフロアに賃貸用の住戸があるタイプの建物だ。

有名不動産投資ブロガーとしても活躍する赤井誠さんは、神奈川県横浜市内のオーナー宅付きマンションを購入した。このオーナー宅は5LDK、賃貸住戸は2DK4戸というマンションだった。立地はいいが、ネックになったのはオーナー宅部分。そこで考えついたのが、オーナー宅をシェアハウスとして運営することだった。

さらに、これまでの経験や日ごろの賃貸経営に関するリサーチから、5LDKの間取りを7LDKに変更しても十分に需要はあると判断し、収益性をより高める工夫をしたという。女性専用シェアハウスとしてシェアハウス向けポータルサイトを複数利用して募集したところ、1カ月ほどで7室とも満室になった。

シェアハウスは、すでに1カ所所有していたので、特に抵抗感はなかった。大変だったのは、最初のシェアハウスは運営会社に委託していたが、このマンションのシェアハウス部分は運営会社が他の物件で手一杯だったため任せられず、自分で管理しなくてはいけなかったことだ。

シェアハウスほど管理に気を使う物件はないだろう。共用スペースが多いため入居者同士のトラブルが発生しやすい。ほとんどのトラブルは音とルールの問題だ。「音はその度に、石膏ボードの増し貼りなどで対応してきた結果、音のトラブルはほとんどなくなりました。ルールも徹底されるように逐一注意喚起し、汚した皿をそのままにしておくこともなくなり、共有部はきれいです」と赤井さんは話す。その結果、2DKの賃貸住戸も含めて投資利回り11%を得られたという。

もちろん、オーナー宅付き物件がすべてシェアハウスで運営すればうまくいくわけではないが、この物件の場合は、オーナー宅が付いている物件として安く購入できたことから、シェアハウスの家賃も割安に設定できたことが大きかったようだ。

特殊な物件は、それだけで差別化を図ることもできるが、その特殊性を、どのように生かし活用していくかが重要になってくる。

「売主に事情有り」物件——玉石混交のため目利き力が必要

最後に売主に事情がある場合をご紹介しよう。売主が早く不動産を売却して現金化したい場合が多く、理由は、相続税の納付のためや、自分がつくった借金を返済するためというケースが多い。

こういった物件の代表的な取引方法として「任意売却」という売買手法がある。任意売却とは、所有者が債務を返済する目的で物件を売る行為をいうが、任意売却物件は一般的に市場価格よりも安い。

一方、デメリットもある。任意売却物件の契約は、売主と不動産業者だけでなく、債権者である金融機関の承諾も得ないといけないため、一般的な仲介の不動産よりも時間がかかる。通常、不動産を売却する際には、その売却金を含めてローンを一括返済する必要があるが、任意売却だと住宅を売却した後にローンの残債があるため、売却条件は債権者にとってもかなり重要になってくるからだ。

　また、手続き上のトラブルも少なくないため、任意売却物件を購入する際は、次の3点に注意が必要だ。

○競売の取り下げをしてもらう
○他に滞納がないか、確認する
○手付金を売却者に渡さない

　任意売却物件に関する情報収集の方法は、専門サイトでの検索が主となるだろう。その他、自分が気になった不動産が偶然任意売却だったということもあるようだ。

　首都圏と広島、大阪、名古屋、札幌に賃貸住宅を約250戸所有している埼玉県の田中宏貴さんは、まだ経験が浅かったころ、任意売却物件を購入して苦労した。

　家主業を始めて4年ほどで4棟の賃貸住宅を所有していた田中さんは、任意売却物件を取り扱う不動産会社から千葉県の駅徒歩6分、中古RC造マンションで利回り17%という好条件物件を紹介された。任意売却物件だったため、表に出ていない物件情報だった。興奮した田中さんは「これは買うしかない」と思い、即決で購入した。

ところが、この高利回りにはワケがあった。売主は税金を10年以上滞納、その上、そのマンションは売主の親族複数世帯が住んでいて、いずれも何かしら問題を抱えている人たちだった。

田中さんが購入したことによって、3家族が退去したが、退去した後の部屋はかなりひどい状態だった。風呂が壊れて使えない部屋があったり、水漏れを起こした形跡が残る部屋があったり。

そのため、建物の問題を解決すべく、ホームインスペクション（建物調査）を行ったが、担当者から、建物がかなり傷んでいてコンクリートの落下の危険があることや、お金をかけてこなかった売主がＤＩＹでごまかしながら対処してきたため、ベランダをはじめ危険な箇所が多いとの指摘を受けて唖然としたという。

外壁修繕と鉄部の補修、防水の補修で８００万円ほどの費用がかかった上、水道管も老朽化していたため、配管の再生工事を実施し、合計１２００万円もの修繕費がかかってしまったのだ。

さらに、すぐに残った親族の家賃滞納も始まったため、保証人に連絡し管理会社の担当者と対応したが、結局、この任意売却物件の運営が落ち着くまでに2年を要したという。

田中さんにとって、これまでの賃貸経営の中で最大の出費とピンチだったが、ピンチを乗り越えればチャンスあり。今となっては問題もなく満室を維持して、稼ぎ頭の物件になっているという。

「任意売却物件にはリスクもあるが、問題を乗り越えられればおいしい果実も待っていると思います。ただ、果実として食べられない場合もあるので、注意が必要です」と田中さんは話す。
以上のように、価格が安い不動産には必ず理由がある。その理由を十分に調べ、理解した上で購入を検討する必要がある。単に安いからといって安易に買ってしまうと、後でトラブルが発生する可能性もあるので、ビギナーは特に注意が必要だ。

物件選びから購入まで編［その3］

第4条

買う前に　現地訪問　怠るな

「最初の1棟」購入までに調べた物件は4万件

収益不動産という高いモノを買うときに、現地を見に行かずに買うという人がいる。本書で何度も紹介している「かぼちゃの馬車」のオーナーには現地を見に行かなかった人は少なくない。素人だから行ってもわからないと思ったのだろうか。それとも、サブリースで家賃は保証されているので見に行く必要はないと思ったのだろうか。最近は、「グーグルマップ」で家にいながらにして現地のおおよその環境を知ることは可能だし、中古物件であれば、建物の外観、内観などの画像情報も増えている。時間と交通費を考えれば、現地に行かない方が効率的だと思う人もいるだろう。

しかし、よほどのベテラン家主ならいざ知らず、初めて収益不動産を購入しようという人は、現地に足を運ばなければ失敗の確率は確実に上がる。いくらインターネットでさまざまな情報が得られるといっても、限界があるのだ。

現地に行く意味は、購入したいと思う不動産を確認するためだけではない。周辺の環境、大都市圏であれば交通の利便性やライバル物件の状況、中古物件であれば建物の現況や管理状況など、賃貸経営に必要な情報は、現場を歩き回ることで初めて得られる。実際、現地の不動産会社を回れば、お目当ての不動産の現況や、エリアに住む人々の生活ぶりなどを知ることができる。現地を訪問することで、より多くの情報を集められ、購入後の経営のリスクを回避することができるのだ。

家主業は不動産を買ってからが経営のスタートとなる。特に初心者は、なかなか買えないと、いつの間にか「買うこと」自体が目的になり、不動産の見極めが甘くなってしまうので注意が必要だ。購入後に余計な手間がかからないように、購入する不動産選びはどこまでも慎重でなければいけない。

元銀行マンで「東京調布大家の会」を主宰する海野真也さんは、2010年に1棟目を購入しているが、勉強期間として購入前の3年半を費やした。その期間、買おうとして買えなかったわけではないが、「インターネットに氾濫していた収益不動産の情報に、自ら駄目出しをしていくことで、物件一つ一つを買うべきか否か、検証した」と言う。

立地条件や「積算評価」、利回りのバランスなどを考えながら、インターネットに出ている物件情報を一つ一つ検証した。

積算評価とは、不動産の価値を評価する計算方法の一つで、土地の価値と建物の価値をそれぞれ別に評価（現在価値による評価）し、それを合算するという評価方法だ。積算評価は、金融機関が「融資の可否」「融資額の上限」などを決定する重要な指標となる。

海野さんは、当時サラリーマンの仕事を終えて帰宅したら、1日3時間ほど物件情報を調べ続け、その数は実に合計4万件にもなったという。周辺地域の海抜や高低差、ハザードマップ掲載の有無をチェックした上で、エリアが絞れてくると、現地調査を実施。さらに街歩きを徹底して、飲食店等では引っ越すふりをして店員に土地柄や街の雰囲気を聞いて把握、最終的には福岡や広島など10都市以上の候補エリアで収益不動産を扱う不動産会社をピックアップして問い合わせをした。その結果、返答があったのが約100社、そのうち20社が真剣に対応してくれたという。

さらに5、6社に絞り込み、実際に店舗を訪問し、希望する物件についての詳細な情報を伝え、面談を重ねた。時には一緒に居酒屋に飲みに行き、関係を深めていったという。

購入第1号の物件は福岡のRC造マンションだった。その後、東京、京都でも物件の紹介を受け、現在4棟64戸を所有しているが、いずれも一般に情報が公開される前に売り出しの情報をつかんだ。現在は、いずれの物件もほぼ満室稼働を実現している。

実は海野さんの場合、物件自体は購入前に確認しないという。

「優良物件を対象としているため、物件を現地に見に行くまでに買い付けが他から入ってしまい、結局買えなくなりますので、基本的にはノールック買いです。立地や周辺環境はインターネットや電話ヒアリングで調べることができる。現地の土地勘があり、街並みを熟知しているからこそできるのだと思います」

こう話す海野さんは、物件購入可能エリアのすべての都市の地名や土地柄はほとんど把握しているという。また最近は物件を購入していないが、条件に合致した物件が出てきた日に備えて、物件訪問時には必ず街歩きする等、街や人の流れの変化には常に気を配っている。

海野さんほど、購入エリアを絞り込んで街を熟知するのは、かなりハードルが高いかもしれない。裏を返せば、そこまでできないのであれば、いくら買い付けに出遅れたとしても、現地で物件を確認しないで購入するのは危険だろう。

そんな海野さんですら、物件購入後に内部構造の不具合により、五月雨式に多額の工事費がかかるようなケースがあった。「こうしたアクシデントは防ぐことは難しいので、ある程度の手元流動性を高めた状態で物件購入を行うことが基本だと思います」と話す。

一方、「300万円の物件でも一応見ますね」と話すのは、前出の渡辺よしゆきさんだ。現在、築年数の古い物件を中心に50戸所有する渡辺さんは競争のない、つまりあまり人気のない物件を対象に購入し再生してきた。そのため、必ず建物を確認してから購入するという。

買い付けを入れてから見に行くという方法も取れなくはない。ある程度付き合いのある元付け（売主側から委託されている不動産会社）ならば、まずは買い付けを入れることを前提に物件を押さえてもらってから現地に見に行き、正式に売主から買付証明書を送ってもらうということもできるからだ。だが、「これが単なる仲介ならば、買い付けで元付けに物件を押さえてもらい、見に行った結果、やっぱりやめた、となったら元付けは二度と取引してくれませんね」と渡辺さんは話す。

現地で調査すべき6つのポイント

ビギナーは、基本的に「これは！」と思う不動産を見つけたら、まず現地に足を運んでみよう。現地で調査すべきポイントは主に次の6点だ。

❶ 建物の状態

❷建物周辺の環境
❸適用される法制度の状況
❹街の様子
❺地域の中心地（最寄り駅）までの環境
❻周辺の賃貸住宅の状況

まず、❶の建物の状態については、大きく収支に影響するだけに最も重要だろう。これまでも何度か説明してきたが、中古不動産の場合は雨漏りや配管の破損、シロアリなど購入後修繕が必要になるケースがある。構造上に問題がなくても、室内の劣化状態がひどいとリフォーム費用がかかる。こうした状態は写真だけではわからない。建物の状態を目視して確認すべきだろう。

次に❷の建物周辺の環境については、周辺の建物、隣接する敷地の確認だ。高層の建物が周辺にあると日照条件が悪くなる。隣接する建物が工場だったり、幹線道路から近いと、音が気になる。また臭気を出す施設があるとその点もネックとなる。郊外になると、隣接する敷地が崖地だったというケースもあり、豪雨などで崩れる恐れもある。こうした賃貸経営にマイナスになる要素が購入目的の不動産にはなくても、周辺の環境や建物にはあるかもしれないのだ。

❸の適用される法制度の状況については、用途地域など建築基準法上の問題の確認、道路付けや

境界の確認などは不可欠だ。例えば、用途地域内で事務所は不可の場合の場合、そのこと自体は物件概要でもわかるが、周辺を見て歩くと、その理由はより具体的にわかるという。

❹の街の様子については、部屋探しをする人たちにとって、生活しやすい場所かどうかを確認すべきだろう。例えば、大きいスーパーや商店街、病院、公園、飲食店、カフェなどがあるか、さらにどんな店や施設があるかを確認する。その他、街に住む人たちはどんな人たちか、道行く人を観察し、地元の不動産会社に聞く。

❺の地域の中心地までの環境も、生活していく上でポイントになる。例えば最寄り駅から徒歩15分ほどかかる場所に立つアパートがあったとする。主要な交通手段が電車である都市部の場合は、最寄り駅から10分以上かかる賃貸住宅は一般的に敬遠される傾向があるが、駅からそのアパートまでの道のりの途中に賑やかな商店街や気持ちのいい公園、おしゃれなカフェやバーなどがあれば、その距離を長いとは感じなくなる。逆に、最寄り駅から近くても急な坂があると、敬遠される可能性が高い。

最後、❻の周辺の賃貸住宅の状況については、ライバルとなる賃貸住宅にはどんな物件があるか、入居状況はどうかなどを確認しながら見て回るといいだろう。たいてい賃貸住宅には管理会社や賃貸仲介会社の看板が設置されているので、どこの管理会社の物件かを知ることもできる。その看板一つ見ても、特定の会社の看板が設置されている物件は空室が多い、あるいは少ないといった状況もわかるので、購入後、どこの管理会社に頼むとよさそうかという当たりをつけることもできるのだ。

ただ、ぶらぶらと見て回るだけでなく、地元の不動産会社も訪問して、地域の家賃相場や入居率、募集状況、地元の家主の経営力などをヒアリングする。1社だけでなく複数社回ることで、地域のおおよその状況はわかる。

現地を見ずに2000万円損をした家主

実際、こうしたポイントを押さえず、現地確認をしないで購入したために痛い目に遭った人もいる。

土地を見ずに購入し2000万円損してしまった首都圏に住む吉田さん（仮名）だ。吉田さんは6棟の収益不動産を持つサラリーマン家主。ある日、自宅に不動産会社が訪ねてきて「売り地にアパートを建てませんか。高く買うという人がすでにいるんですよ」と土地の転売を持ち掛けてきた。住所を見ると、自宅からそれほど遠い場所ではなかったが、あまり気乗りしなかった吉田さんは一度は断った。しかし、それでもなおしつこく営業に来るので、結局営業マンの押しの強さに負けて、仕事が忙しいこともあり、一度も現地に行かずに購入してしまったという。

購入後、現地に行ってみると、そこは土地の傾斜が急で建物の建築には不向きな崖地だった。その崖地にアパートを建てる場合は傾斜地を整地しなくてはならず、その費用も必要となるため、そんな説明を受けていなかった吉田さんは不当だとして、提訴した。結果的に和解になったが、吉田さんの主張はほとんど通らなかった。理由は、建物を建てることで利益を得る目的で契約を結んだにもかかわらず、原告である吉田さんは、実際に建物を建てなかったからだ。結局、吉田さんはこの土地を売却したが、購入価格よりも2000万円損をした。

吉田さんの場合は、土地だったが、建物の場合も現地に行かずに購入することには同様のリスクが考えられる。

建物の状態をチェックし、リフォームがどの程度必要か、費用はどの程度かかりそうかの目途をつける。その上で、物件周辺を歩いてみて、その地域の住み心地を確認し、最後は地元の不動産会社を回って不動産会社から見た評価を聞き、総合的にその不動産の収益性がどうかを判断した方がいいだろう。

第5条

余裕なき収支計画　回避せよ

「デッドクロス」は賃貸経営の一大転換点

賃貸経営では、最初にどんな不動産を購入するかが肝心だ。買った不動産次第で収支計画は大きく変わってくる。収支が悪化すると、最悪の場合、自己破産などという事態を招きかねない。だからこそ、余裕のない収支計画は回避しなければならない。

賃貸管理業務は管理会社に委託できるが、経営の根幹となる財務管理は、家主自身が行わなければならない。物件購入前に収支計画を立てて、購入予定の不動産できちんとキャッシュフロー（手元に残るお金）が出るかをシミュレーションし、購入するか否か判断する必要がある。

収支計画の基本は、収入と支出を算出すること。賃貸経営における収入は家賃収入だが、支出にはいくつかの項目がある。その中で特に注目したいのは、不動産の「三大費用」、すなわち減価償却費、借入金利息、租税公課＋修繕費だ。この三大費用の内容や関係を把握し、理解を深めれば、賃貸経営で最も重要なのは、税引き後のキャッシュフローをプラスに保ち、増加させることだとわかってくる。

特に、不動産資産を持たないサラリーマン出身の家主が、最初の物件の購入資金を多額のローンでまかなった場合に起こる「デッドクロス」を説明することで、減価償却費、借入金利息、税金の関係を明らかにしていこう。

その前提として、この後、融資に関する第6条で詳しく解説するが、借入金返済の主な2つの方法、「元利均等返済（以下、元利均等）」と「元金均等返済（以下、元金均等）」について簡単に説明しておきたい（図表4―①）。

元利均等とは、毎月の返済額が一定となる返済方法。当初は利息部分の比率が高く、返済が進むにつれ元金の比率が高まってくる。返済額が一定のため返済計画が立てやすい、元金均等に比べて返済開始当初の返済額を少なくすることができるといったメリットがある一方、同じ借入期間の場合、元金均等より総返済額が多くなる、借入金残高の減り方が遅いというデメリットがある。

一方、元金均等は、元金の額が一定となる返済方法。返済額は返済が進むにつれ少なくなっていく。元金の減少が早いため同じ借入期間の場合、元利均等より総返済額が少なくなるというメリットがある一方、当初の返済額が最も高いため、返済負担が重くなり、借入時に必要な収入も高くなるというデメリットがある。

図表4-❶ 元利均等返済と元金均等返済のイメージ図

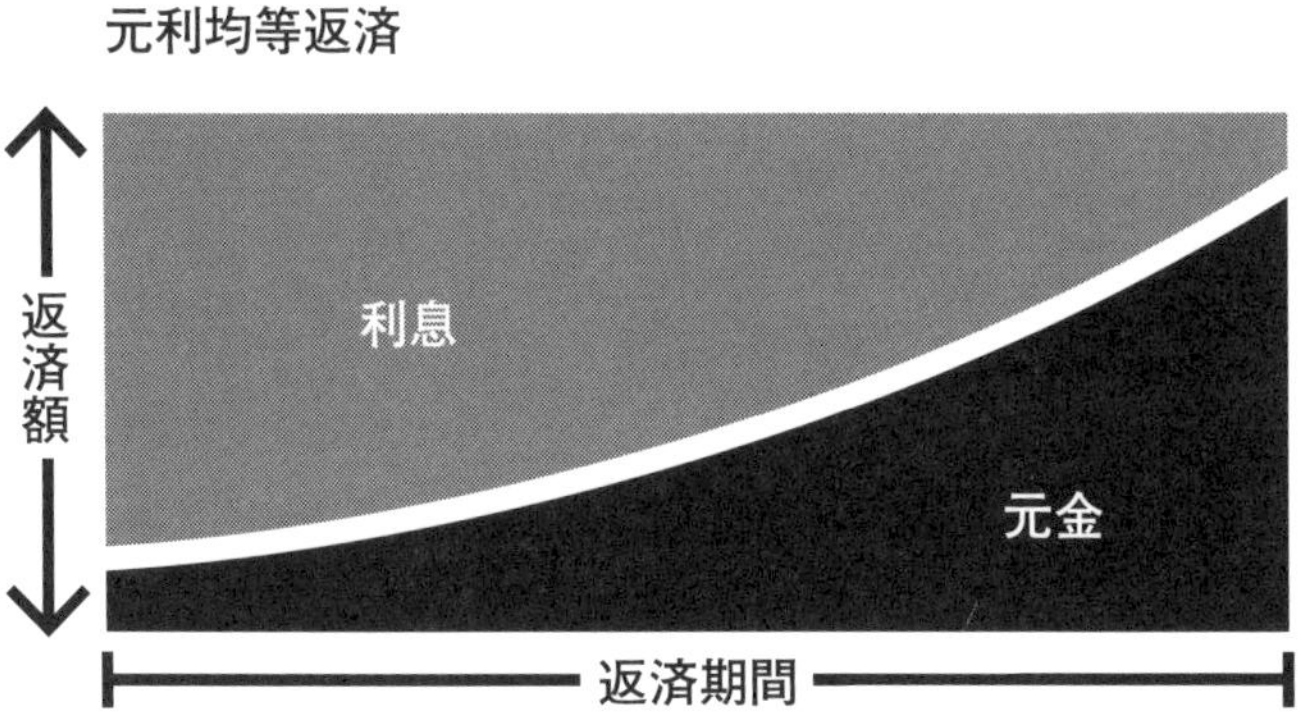

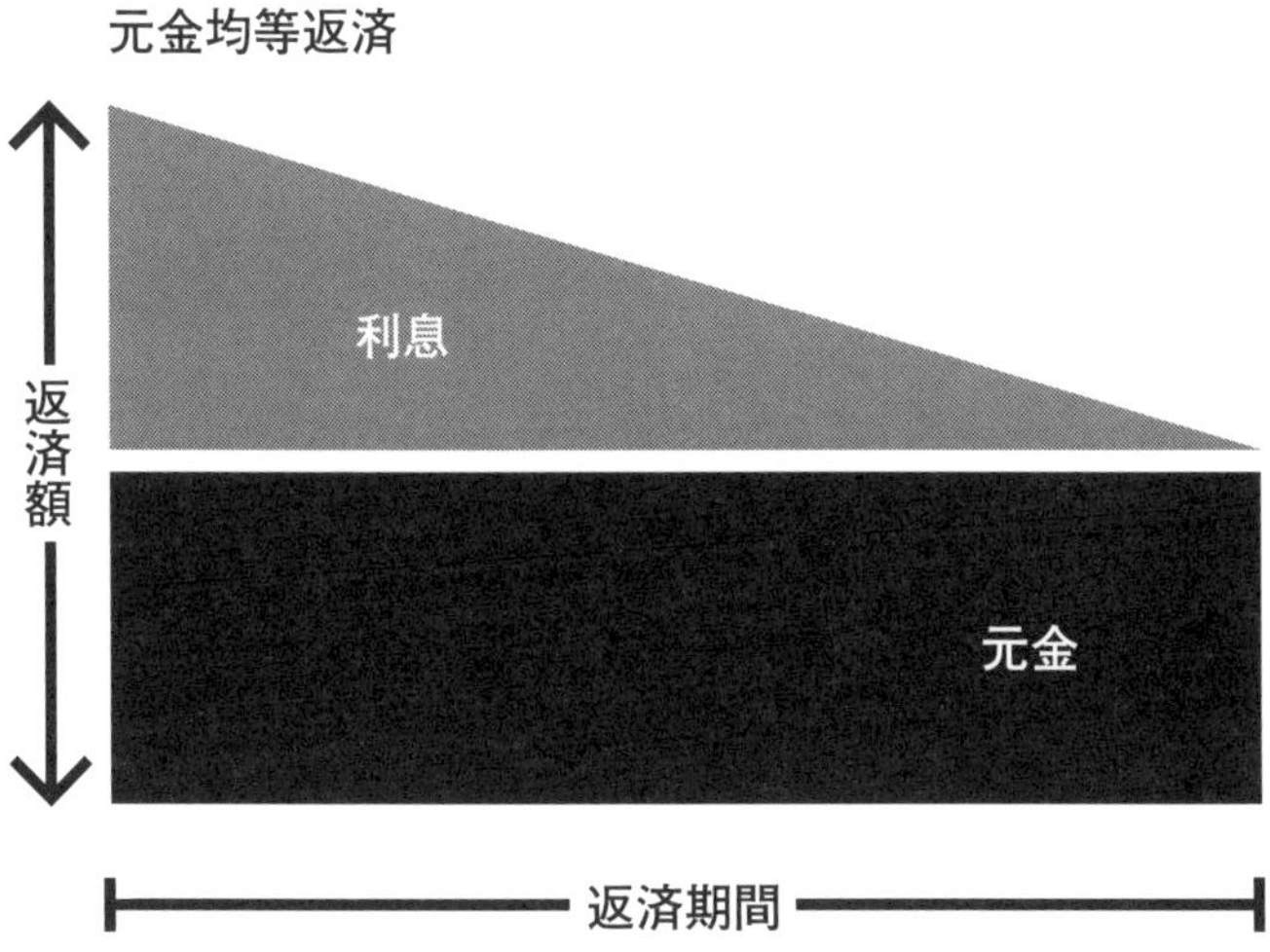

前者の元利均等で借り入れし、賃貸経営を始めた当初は、減価償却費と多額の借入金利息が経費として計上されるため、利益が圧縮されて節税効果を発揮し、結果として手元にお金が残りやすい。ところが、購入してから年数が経過すると、借入金の返済が進んで経費となる借入金利息が減少する一方、経費とならない元金返済額が増加し、やがて減価償却費を上回る。その逆転するポイントを「デッドクロス」と呼ぶ（図表4―②）。節税効果が縮小することで税金が増え、黒字経営にもかかわらず、手元のキャッシュが減って資金繰りが苦しくなる。

デッドクロスの時期は、購入した物件の構造体（耐用年数）や築年数、借入金額や金利、返済期間、元利均等か元金均等かの別によって異なるが、空室リスクが高まったり、新築の場合は、エアコンや給湯器など設備の交換や大規模修繕のタイミングに重なったりして支出がかさむ時期となる可能性が高い。そのため、税金が高くなっても、手元のキャッシュを残せる余裕のある返済計画を立てて物件を購入することが重要だ。自己資金が少ないと元金返済額も大きくなるため、繰り上げ返済で残債を減らすのも選択肢の一つになるだろう。

デッドクロスは、融資を受けて物件を購入すれば必ず発生する。家主業を始める前にデッドクロスについて理解を深め、当初は潤沢なキャッシュフローをしっかり貯めて繰り上げ返済、納税資金の貯蓄を行うなど、あらかじめ対策を立てておくといいだろう。

図表4-❷ デッドクロス（減価償却費と元金返済額の推移）イメージ図

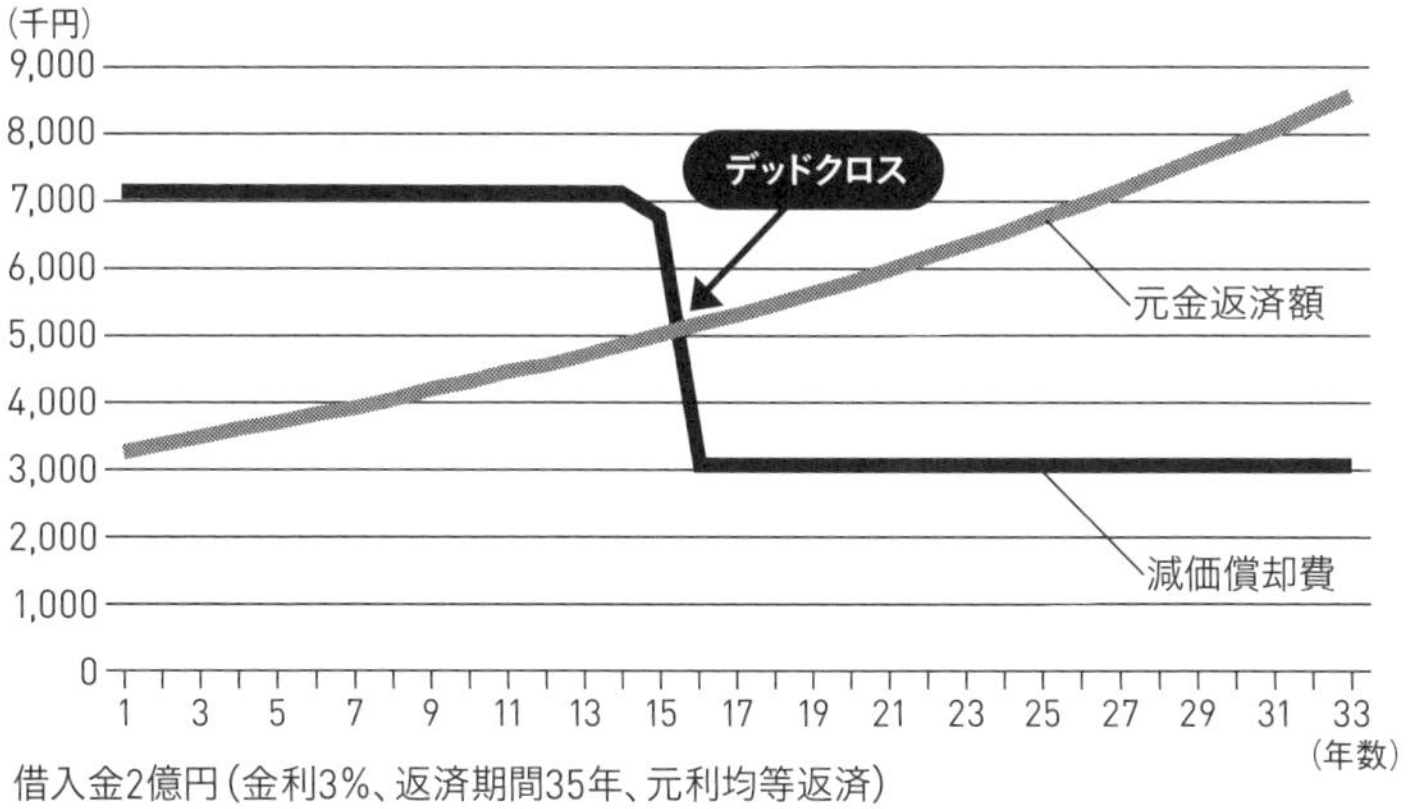

借入金2億円（金利3%、返済期間35年、元利均等返済）
減価償却費（建物1億4,000万円　耐用年数47年、附属設備6,000万円　耐用年数15年）

渡邊浩滋氏作成

「借金完済までは税金と金利との闘いだ」

多額の借り入れをして物件を購入する場合は慎重にシミュレーションを重ねることで、購入後の賃貸経営をより負担なく実行できる。逆に、あまり考えずに購入してしまうと、買ったはいいが、その後の経営が苦しくなり、本業あるいは自身の生活にも影響を及ぼす事態になりかねない。本書で何度も紹介している「かぼちゃの馬車」事件の教訓を忘れてはいけない。多額の借り入れをして始める家主業で確実に資産を増やすためには、不動産を精査する力が重要だ。

「賃貸経営は借入金の返済が終わるまで、税金と金利との闘いだ」

こう話すのは、元メガバンク、外資系証券会社の債券トレーダーで、在職中に家主業をスタートし、現在、アパートとビルを6棟所有する川村龍平さんだ。専業家主の傍らキャッシュフロー経営をテーマにしたセミナーを数多く行っている。

近年、サラリーマンで不動産を購入し、賃貸経営をする人たちから資金繰りに関する相談が増えているという。その中でも多いのが、表面利回りを見て、安易に購入してしまったために資金繰りが苦しくなってしまうケースだという。

前述したが、元利均等返済で融資を受けると、スタート当初は借入金利息の経費化で所得を圧縮できるので手元資金が残りやすいが、返済が進み徐々に利息が減少してくると、不動産所得の経費が減り、所得が増えて税金が上がり、資金繰りが苦しくなる。その厳しい時期を乗り越えて完済すると、空室対策等の本来の賃貸経営に集中することができるようになり、ここで初めて家主業の妙味が感じられるのだ。

川村さんは、「賃貸経営には大きく3つのステージがある」という。

第1ステージは、「借入金大」の時期で、税引き後キャッシュフローに細心の注意を払いながら、細かい調整が必要な時期だ。

第2ステージは、借入金の返済が進む中で、税引き後キャッシュフローがますますタイトになってくる最も難しい時期。前述の「デッドクロス」を迎えてから借入金返済が終わるまでの時期になる。

そして最後の第3ステージは、借入金返済が完了する時期。税金は増えるものの、トータルのキャッシュフローは潤沢になり、ようやく満室経営を目指す本来の家主業ができるようになるというわけだ。

「キャッシュフロー表」の作り方

では、キャッシュフローをどのように管理すればいいのだろうか。前出の川村さんが重視しているのは、キャッシュフロー表（収支計画表）の作成だ。

賃貸経営に必要なキャッシュフロー表で、重要なのはお金の流れ。お目当ての不動産を想定している条件で購入したときに、資産を増やすことができるかどうかのチェックができ、失敗して経済的窮地に追い込まれる事態を防ぐことができる。

実際、キャッシュフロー表とはどのようなもので、どのように作成するのかを見てみよう（図表4―③）。このキャッシュフロー表は、川村さんが自身のセミナーで使用するために作成したものだ。

この表の前提条件は次の通り。

図表4-❸ 川村龍平さん作成のキャッシュフロー表のモデル

年	項目		1	2	10
収入	家賃		8,856,000	8,856,000	8,413,200
	小計		8,856,000	8,856,000	8,413,200
支出	借入金元金		-4,025,959	-4,107,221	-4,916,499
	借入金利息		-1,923,229	-1,841,967	-1,032,689
	管理費　5%		-442,800	-442,800	-420,660
	固定資産税		-400,000	-400,000	-400,000
	原状回復費・修繕費　5%（保険料含む）		-442,800	-442,800	-420,660
			-7,234,788	-7,234,788	-7,190,508
	小計		1,621,212	1,621,212	1,222,692
	Net				
税金	課税所得	家賃	8,856,000	8,856,000	8,413,200
		減価償却（定額）	-2,376,000	-2,376,000	-2,376,000
		減価償却（定率）	-2,060,000	-1,635,640	-258,376
		借入金利息	-1,923,229	-1,841,967	-1,032,689
		管理費	-442,800	-442,800	-420,660
		修繕費等	-442,800	-442,800	-420,660
		固定資産税	-400,000	-400,000	-400,000
		小計	1,211,171	1,716,793	3,504,815
			1,211,171	1,716,793	3,504,815
	所得税+住民税	税率	15%	15%	30%
		控除額	0	0	(427,500)
		所得税額	181,676	257,519	623,945
キャッシュフロー		小計	1,439,536	1,363,693	598,747
		累計	1,439,536	2,803,229	9,949,029
		借入金残高	¥93,974,041	¥89,866,820	¥53,879,693

❶預金通帳のお金の動き（収入ー支出）

❷税金の計算（国税＋地方税）

❸実際の手残り額 ❶ー❷

※この数字は一つの目安です。
川村龍平氏作成資料をもとに筆者作成

〈不動産価格〉

建物価格　5100万円

土地価格　4800万円

土地建物合計　9900万円

〈資金状況〉

自己資金　800万円

借入金額　9800万円

準備した資金合計　1億600万円　※不動産購入費用はほぼフルローン

〈融資条件〉

借入金金利　2・00％

借入期間　20年

借り入れ方法　元利均等

〈建物概要〉

構造　RC造マンション

築年数　築30年

戸数　12戸

〈家賃〉
1戸当たり家賃　月額6万1500円
年間家賃収入　年間家賃　885万6000円

このような前提条件のもと購入すると、表面利回りは約9％となる。表面利回り9％と聞くと、12年間で投資資金の回収が終わると思う読者がいるかもしれない。だが、その認識は危険であることが、このキャッシュフロー表を作成してみると、よくわかる。

表の上部には収入と支出の2つの項目がある。

まず、収入は家賃収入となる（ただし、礼金、更新手数料なども収入となるが、不定期に発生するためこの表には入れていない）。

次に支出については、借入金元金、借入金利息、管理費、固定資産税、修繕費、保険料等となる。借入金元金と借入金利息を足したものが年間返済額だ。管理費は管理委託料。固定資産税は不動産の所有者に課税される地方税で、金額は自治体が決定する。修繕費は原状回復費用やリフォーム、大規模な修繕の費用。保険料は火災保険料だ。

収支計画というと、何も知らなければ、この収入と支出だけで計算してしまうだろうが、川村さんの「賃貸経営は借入金の返済が終わるまで、税金と金利との闘いだ」という言葉を紹介したとおり、税金分を考慮しなくてはいけない。

表の下部を見てほしい。税金という大きな項目の中に、課税所得と所得税がある。税引き後のキャッシュフローつまり、手元に残るお金を知るために、課税所得はいくらなのかを算出する計算が必要だ。課税所得を計算するために、経費計上できる項目を上の支出の項目から抜き出す。借入金利息、管理費、修繕費、固定資産税だ。さらに忘れてはいけないのが、実際支出にはならない減価償却費。家賃収入から経費として計上できる金額がわかったら、収入から差し引く。その金額が課税所得になる。サラリーマンや本業の所得と合算した場合の所得の税率を調べて、課税所得に掛け合わせ控除額も考慮して計算する。所得税、住民税（地方税）が算出できたところで、上部の「収入－支出」で算出した収支から税金を引くと、1年目の税引き後のキャッシュフローがわかるというわけだ。

このキャッシュフロー表の作成時のポイントは、2年目以降の数字入力にある。まず、収入源である家賃収入は変化することを押さえるべきだ。家賃収入を購入時と同じ金額で長期のシミュレーションをしてはいけない。賃貸住宅は築年数が古くなればなるほど、リノベーションを施さない限り、家賃が下落する傾向にあるからだ。そのため、経年と同時に減少するという前提のシミュレーションで入力することが重要になる。

また経費についても、経年すると、減価償却費は減っていく。この表は建物付属設備の減価償却費が定率法を採用できた物件のシミュレーションで、建物付属設備も建物と同様に定額法のみとなった今とは、減少具合が変わるが、10年で建物付属設備の減価償却が終わるとその分減る。借入金利息も元利均等返済の場合は減る。一方で、修繕費は最初不要でも経年すれば修繕が発生するため増える。つまり、経年するにつれて、よほどの特需がない限り、収入は減り、経費計上できる金額が減り、支出は増えるわけだ。すると、所得税額が上がる一方で、税引き後キャッシュフローが減るという事態になる。

税金を差し引くと、1年目は1４3万9５3６円、2年目は1３６万３６９３円と徐々に減っていき、10年目になると、59万８７４７円となってしまうのだ。このキャッシュフロー表は紙面の関係で一部しか掲載していないが、11年目以降は、税引き後キャッシュフローが15年目から19年目までマイナスとなる。

この不動産購入での失敗は、ほぼフルローンでの購入だ。こうした状況にならないためには、購入したい不動産が見つかったら、キャッシュフロー表を作り、自己資金をいくらまで入れれば、購入後マイナス収支にならずに経営できるのかを検証することが重要だ。

この検証さえできれば、不動産販売会社から提示される収支計画表の内容を理解でき、提案された不動産を購入していいのか、購入しない方がいいのかの判断をすることができるだろう。

「地主家主」と「サラリーマン家主」はここが違う

家主業というと、基本的には代々土地を持っている地主が、その土地を活用してアパートやマンション経営を始めるケースが圧倒的に多い。そんな「地主家主」と、土地がないところから不動産を購入して始める家主とを同じように考えてはいけない。

「私もサラリーマン出身だが、建物部分だけ借金するのと、土地・建物の両方を借金するのとでは借り入れ負担が違いすぎる」と川村さんが話すように、土地活用で経営する家主とでは「発射台」が違う。土地の取得費が必要か必要でないかという必要な資金の規模だけでなく、土地代が経費にならないことは税金面から見ても大きな負担となる。

そのことを理解していながら、川村さんはなぜ収益不動産を買い進めたのか。

始めたきっかけは、30歳を過ぎたころ、節税対策としてワンルームマンションを買ったことだった。確定申告をすることで税金の基本的な知識を習得できたというメリットは感じたものの、利回りが低かったため、不動産投資で大きく儲けるためには土地付きの一棟ビルかアパートを購入する必要があると気づいたのだという。以後、質素倹約に努め、不動産購入のための資金を貯めながら、不動産会社回りにいそしんだ。2000年前後の、まだ今ほどインターネット上で物件情報を探すことができなかった時代だ。物件情報は徐々には集まり始めたが、なかなかいい物件とは巡り合えなかった。

待つこと3年。ようやく東京都世田谷区のビルを購入することができた。2002年のことだった。以来、最大3億円の融資を受けていたこともあったが、徹底したコスト管理と入居者対策で、収益性が高い賃貸経営を実現し、あと2年半で大半の不動産のローンが完済できるという。

川村さんは、利回りを高めるために不可欠なのは、「不動産を安く買うこと」と「運営コストの削減」と考え、自主管理を徹底してきた。管理委託料は全収入に対して5~7%と、一見、少額に見えるが、借入比率が高い場合、税引き後キャッシュフローに占める割合は、決して小さくないという。

例えば、年間家賃収入1000万円の場合、管理会社に支払う管理手数料は家賃収入の5%で50万円かかる。その他清掃、補修費用などが年間で50万~100万円かかることを想定したら、合計で100万~150万円かかる。この経費が自主管理することによりどの程度変わるのかというと、税引き後キャッシュフローが200万円の人なら、300万円から350万円に上がるということだ。

ただ、サラリーマンや他の事業を抱えながら、管理会社に委託せずに賃貸経営をするのは大変だ。遠隔地に購入した場合は、なおさら自主管理は難しい。つまり、サラリーマンの方たちに自主管理が「必要不可欠」と言いたいわけではない。重要なことは、管理会社に委託しなければ時間が足りないというサラリーマンこそ、「余裕なき収支計画をしない」ということだろう。

第2条でも書いたが、不動産会社はさまざまなセールストークで早く決断させようとする。「不動産は水物です。今ここで買わなければ二度とこの不動産は買えないですよ」とか、「あなたが買わないのであれば、他にもたくさんいる買いたい人たちに、この不動産を紹介します」など、「今買わなくては損する」と思わせるトークを炸裂させる。

ここで冷静になって、本当に買うべき不動産なのかどうかは、キャッシュフロー表でシミュレーションし、十分に検討して判断すべきだ。買う不動産、買わない不動産、自身の中できちんと軸ができていれば、失敗するリスクは最小限にとどめることができる。

第6条

借金の重み知らずに借りちゃダメ

『金持ち父さん 貧乏父さん』は「借金で不動産投資」の火付け役

レバレッジを利かせて資産を増やす——。自己資金が十分になくても借り入れを上手に使って資産を増やす方法が書かれたロバート・キヨサキ氏の著書『金持ち父さん 貧乏父さん——アメリカの金持ちが教えてくれるお金の哲学』（筑摩書房）の基本的な考え方だ。本書は2000年に日本で出版され、「インカムゲイン（運用して利益を得る）型」不動産投資の火付け役となった。

家主業の前提条件は不動産を所有していること。その不動産をまず買うことから始まるが、その不動産購入資金を金融機関から融資を受けることで、サラリーマンでも資産を増やせる方法として注目を集めたのだ。

だが、借金ありきの賃貸経営は、借金のコントロールが財務状況に大きく影響するだけに、正しい知識がないと資金繰りに追われてしまう。

近年は金融機関の融資審査が厳しくなったため、自己資金ゼロではアパートや一棟マンションを買えなくなったが、融資を受けて「かぼちゃの馬車」をはじめ、積算評価が出やすい地方の中古一棟マンションなどを買った人は、今大変な思いで経営していることだろう。自己資金がゼロということは、それだけ毎月の家賃収入から差し引かれる借入返済額が大きいということであり、高い金利で借りていたら、資金繰りが苦しくなるからだ。

少額の元手から投資を始め、不動産を買い進め資産を築いた家主の代表選手といえば、『「お宝不動産」で金持ちになる！——サラリーマンでもできる不動産投資入門』（筑摩書房）の著者の沢孝史さんだろう。

沢さんは、サラリーマン時代に奥さんと2人で貯めた資金で、コンビニエンスストアのFCに加盟し開業するも、売り上げが伸びず、4カ月で閉店するという苦い経験をした。コンビニエンスストア事業の経費として重くのしかかったのが、実は「賃料」だった。そこで、賃料の支払い先であった家主という職業に目を付けた沢さんは、1998年から不動産を取得し始め、現在、総投資額27億円、債務を差し引いた純資産はなんと4億円を保有するまでになった。

不動産による資産形成の成功者である沢さんは、常々「不動産投資には、『利回り』と『不動産価格』という2つの落とし穴がある。そのことに注意して購入する不動産を選ぶべきだ」と話す。

まず、「利回りの落とし穴」とは何か。利回りとは、第2章でも触れたように、不動産購入額に対して1年間で得られる収入の比率のこと。5000万円の不動産を購入して、年間家賃収入が500万円なら利回り10％、年間家賃収入が400万円なら利回り8％となる。この利回りは収益不動産の広告に明示されているが、その数字はあくまでも「表面利回り」であり、借入金返済額、管理費、修繕費等の支出や空室率は入っていないため、実質利回りとは異なる。

しかし、ビギナーにとっては、その知識はあっても、実際どの程度の利回りを想定して、不動産を購入し、借り入れをすればいいのか見当をつけることは難しいだろう。沢さんは、これまでの自身の経験から、購入するときの実質利回りの目安は「金利＋6％」以上を確保することを原則にしているという。目標とする実質利回りの数字が決まれば、逆算して、表面利回りがどのくらいの不動産を購入するのがいいのかがわかる。

例えば、沢さんによると、金利2％、管理費5％、空室率20％とした場合、表面利回りを算出する計算式は、

表面利回り＝実質利回り（借入金金利2％＋6％）÷｛1－（空室率20％＋管理費5％）｝

＝8％÷（1－0・25）＝10・66％

となる。すなわち、表面利回り10・66％以上の物件が購入を検討すべき物件となるというわけだ。

もう一つの「不動産価格の落とし穴」とは、不動産価格の将来は誰にもわからないということだと、沢さんは言う。つまり、できるだけ価値の下がらない不動産を購入することが不動産投資を成功させるということだが、実際、どの程度の価値が残っていれば成功といえるのだろうか。

沢さんは自身の経験から、10年後に「市場価値が購入時の80％、賃貸収入が購入時の90％」の基準を満たしていれば、投資する価値のある不動産として検討対象にするという。実際に、実質利回り「金利＋6％」と「市場価値が購入時の80％」でシミュレーションしてみよう。

前提条件は、物件価格1億円、自己資金10％、家賃800万円、金利2％で20年元利均等返済、固定資産税・火災保険は家賃8％、空室率・募集経費・管理費等は家賃15％、修繕費は家賃3％、所得税は20％とする。

この投資は、10年間でどのような結果となったのか（図表4―④）。

キャッシュフローの累計額（回収額）は3324万円、不動産価格からキャッシュフローの累計額を差し引いた不足分（未回収額）が6676万円となる。10年後の物件価格を下限80％と設定しているので、8000万円で売れたとする。8000万円から未回収額を差し引けば、1324万円で、自己資金1000万円が10年後に1324万円になったということになる。

また、この実質利回りを「金利＋5・5％」として同じ条件で計算してみると、1000万円の自己資金は1044万円と、44万円しか増やすことができない。さらに「金利＋5％」で計算する

図表4-④ 沢 孝史さんの「投資を成功させるための不動産の条件」

「お宝不動産」の条件
①実質利回りは借入金金利+6%
②10年後に、市場価値が購入時の80%、賃貸収入が90%

(万円)

年	1	2	3	10	
家賃	800	792	784	731	
元利均等20年	180	173	165	108	
固定資産税・火災保険 8%	64	63	63	58	
空室損・募集経費・管理費等 15%	120	119	118	110	
修繕費　年間家賃の3%	24	24	24	22	回収額
所得税 20%	87	87	88	91	↓
最終手残り	325	326	327	342	3,324

前提条件:○物件価格 1億円　○自己資金 10%　○家賃 800万円
○借入金金利 2%、元利均等返済 20年　○固定資産税、火災保険 8%
○空室率、募集経費、管理費等 15%　○修繕費 3%　○所得税 20%

沢 孝史氏作成資料をもとに筆者作成

と、236万円減ってしまう。つまり、確実に資産を増やすためには「金利+6%」未満では厳しいという結果となった。

沢さんがこうした計算式を導き出すことができたのは、サラリーマン時代に損保会社に勤めていた経験が大きいそうだ。交通事故等での示談交渉で使用していた賠償額の計算の中での逸失利益の算定方法が、不動産を購入し賃貸業をする際にも役立ったという。逸失利益の算定は、将来もらう収入を今もらうのであれば、その間の利息は差し引かれるという考え方に基づいて行われるが、これは不動産賃貸業の、将来得られるであろう利益に対し、今いくら投資すれば採算が取れるのかという考え方に通じるものがあると気づいたのだという。

から だ。

「元利均等」か「元金均等」か、それが問題だ

また、沢さんが着実に不動産を増やせたのは、借り入れのバランスを毎月確認して投資してきたからだ。

「返済の総額だけを見るのではなく、元金と金利のバランスを見ることも重要」と語る沢さんは月々の返済額のうち、金利が元金よりも多いと資金繰りが厳しくなると指摘する。

元金とは実際に借り入れた金額のことで、金利とは借入金に対する利息のことだ。金利には「変動金利」と「固定金利」があり、固定金利に比べて変動金利は市場金利に連動して見直されるため、低く設定されている。固定金利の場合は3年、5年、10年と期間があり（これ以外の期間のケースもある）、低金利で近い将来金利上昇が予測されるとき、また、支出があらかじめ計算できるため、返済計画が立てやすいとの理由から選択されるケースもある。

第5条でも説明した通り、元金と金利のバランスは、借り入れの返済方法によって大きく異なる。たいていの人は元利均等を選択する。不動産を購入して初期段階でのキャッシュフローが多いからだ。返済期間の初期段階では、返済額に占める金利の割合が大きいため、税務上の経費が多くなり、税額も少なくなる。一方、元金均等は初期段階においては返済負担が大きいが、元金を早く減らせるため、返済総額は元利均等よりも少なくなる。

以上のことを踏まえて、「元金と金利のバランスを見る」とはどういうことかというと、沢さんは「金利の変化による元金返済割合、毎月返済額に占める金利支払い分の割合を確認する」と話す。このそれぞれの割合を確認して、どちらの返済方式が得策かを判断するのだという。では、それぞれの割合は金利の変化でどのように変わるのかを見てみよう。

例えば、返済期間30年で1億円を借りたケースで比較してみよう。

〈金利2％の場合〉

元利均等では、毎月返済額は36万9000円、そのうち金利の割合は45％。

元金均等では、毎月返済額は44万4000円、そのうち金利の割合は37％。

〈金利4％の場合〉

元利均等では、毎月返済額は47万7000円、そのうち金利の割合は70％。

元金均等では、毎月返済額は61万1000円、そのうち金利の割合は54％。

金利2％と4％を比較すると、金利が高くなるほど元利均等の金利返済割合が大きくなり、当初は元金が減らず返済総額が減りにくくなる。つまり、金融機関の儲けのための返済になってしまっている。

一方、金利が1％の場合を見てみよう。

〈金利1％の場合〉

元利均等では、毎月返済額は32万1000円、そのうち金利の割合は26％。
元金均等では、毎月返済額は36万1000円、そのうち金利の割合は23％。

金利1％で比較すると、元利均等と元金均等の金利返済割合の差が縮まる。この場合は元利均等で次の購入のための自己資金を貯めることを優先した方がよさそうだ。

次の不動産の購入に進むためには、借入総額を減らしながら、キャッシュを貯めることが必要だ。元金均等、元利均等の特性を考えつつ、金利の水準と今後の動向を見ながら判断する必要があるというわけだ。

「実際には金利が高い場合、元金均等だとキャッシュフローがマイナスになるというケースもあるだろう。しかし、そもそもそんな案件は投資に値しないのではないか」というのが沢さんの考えだ。

融資の決め手は「経営力」と「純資産」

こうした融資に対する考え方を理解した上で、次はどのように金融機関に対して交渉すればいいかについて考えてみよう。

まず、金融機関は融資する際に何を見て判断しているのか。

「金融機関が事業に融資するときに見るのは、その人の経営力と純資産」

こう話すのは元メガバンク支店長で、家主でもある菅井敏之さんだ。金融機関にとって、純資産があるということは、万が一返済できない事態が起きても、貸し倒れのリスクが少ないということだ。ただ、あくまで不動産賃貸という事業に融資するため、純資産だけあればいいというわけではない。融資する人の経営者としての資質や金融リテラシー、判断力など経営力が重要な条件となる。昨今、問題が多い「サブリース」はサブリース会社が経営のプロとして運営するため、経営力のない人でも融資を受けやすかった面があったことも事実だ。

地主であれば土地という純資産が武器になる。だが、純資産を持たないビギナーは、その点が不利になる。

「不動産投資では、融資条件をいかに良くするかということが重視されるが、それほど即効性のある手法などはない。自己資金を貯め、収入を増やし、属性を上げるという、コツコツ積み上げていく地味な努力が必要だ」

こう話すのは資産運用のスクール、ファイナンシャルアカデミーの講師で、賃貸住宅を所有する家主でもある束田光陽さん。融資を受けやすくする近道はない。まずは自己資金をある程度用意することから、家主業に対する姿勢を金融機関に示すことが重要だ。

自己資金がある程度貯まったら金融機関に足を運び、きちんとした事業計画書を作成して渡し、「この人なら融資したい」と思わせることが重要だろう。融資を受けやすくするために、経費にならない土地の購入費を現金で用意することは有効だ。


約100戸の賃貸住宅を経営する滋賀県の西野浩樹さんは、土地と家賃の価格の歪みに着目し、現金で土地を購入して新築する手法で資産を増やしてきた。そのことに気づいたのは、2017年に脱サラするまで勤めていたスーパーで、社宅規定を作っていたからだった。

そのスーパーは、近畿中部エリアを中心に約150店を展開し、社宅規定を見ると、地域によって同じ間取りでも家賃に差があったのだ。営業エリアで、家賃は高いが土地は安い地域を探したところ、富山県富山市の土地が目立って安い割に家賃が高いことに気づいたという。

富山市は隣県の石川県金沢市と比べて、平地が多く土地の値段が安い。金沢市は観光地として土地の値段が高い一方、平成バブルの時に賃貸マンションが大量に建築され過剰になり、家賃が安かった。富山市の30㎡の単身者向け新築アパートが4万〜5万円に対して、金沢市はRC造マンションでも安いところだと中古で3万円だったという。

富山市に目を付けた西野さんは、サラリーマン家主としては珍しく、2007年に購入した1棟目から新築を取得した。その利回りは11・8％。中古物件並みの収益性だ。土地は現金で、建物は融資を受けたが、返済方法は元金均等方式を採用。「この方法だと、減価償却額が建物の元金返済額を上回るデッドクロスが来ない。ただし、木造に限ります」と西野さんは話す。

土地の購入の仕方もひと工夫している。例えば一般的な土地ではなく、田んぼを買って、分筆（広い土地の登記を分けること）、造成をして建物を建てる。この手法はのちに本書でも紹介する富山県の勉強会「サンデー毎日倶楽部」の主宰者、吉川英一さんから習った手法だという。

西野さんの場合は、将来売却することも視野に入れて、10戸未満の木造アパートにこだわってきた。富山市のような地方物件では、小規模なアパートの方が買い手が見つかりやすいからだという。「富山市以外にも全国を見渡せば、この方法が通用する場所はあると思う」と話す西野さん。今は自宅がある滋賀県でも所有物件を順調に増やしている。

土地は自己資金、建物は事業計画書を作って銀行回り

北海道札幌市で、賃貸マンションを4年で10棟152戸取得した外村真美さんは、1棟目の土地を自己資金で購入した。当時27歳というから驚きだ。

その後、金融機関から賃貸住宅を建てるための融資を受けることができた。1棟目はもちろん、その後も融資を受けるときにポイントになったのは、購入したい不動産があるエリアの賃貸状況と

問題点、その問題点を克服する建物の企画などのプレゼン資料を用意し、説明して回ったことだ。

購入したい不動産があるエリアの昼と夜を歩いてみたときの雰囲気、周辺の空室状況などを調べ、何がこのエリアでの問題なのかについて分析し、まとめたレポートを提示。その問題点をどのようにしたら克服できるのかという検証と、それを反映した自身がつくりたいと考える賃貸住宅の企画を説明した。

外村さんが家主業を始めるきっかけは、実は資産運用ではなく、祖父が住んでいた土地を守るためだった。祖父が住んでいたその土地を市場価格で購入し、賃貸住宅として生かすことが目的だったという。そのため、家主業に対する思いも人一倍強かった。

「自分がつくる賃貸住宅で喜んでもらえる人を増やしたい。入居者一人ひとりの日々の暮らしに物語があることを忘れずに応援したい」

そんな自身の思いに共感してくれる担当者に出会うことは簡単ではなかったが、諦めずに自分の思いを理解してくれる担当者に出会うまで、いろいろな金融機関を回ったという。その結果、長期保有を視野に、物件を一棟一棟見極めて購入する姿勢は、単なる投資目的ではないと金融機関からも受け止められ、次々と融資を受けることができたという。

また、金融機関を回るとき、どの金融機関に当たればいいいか、その選び方も重要だ。金融機関にもいろいろな種類があることを知っておこう。

家主業での取引先としては、メガバンク、地方銀行、信用金庫、信用組合、日本政策金融公庫、ノンバンクなどがある。下から順に融資を受けるハードルは低くなる一方、金利の水準は高くなる。まず小規模不動産から投資をするのであれば、地方銀行や信用金庫、信用組合などが融資を受けやすいだろう。

金融機関には、基本的に営業エリア内に在住、あるいは事業所があることなどの条件があるため、遠隔地の不動産を購入する際は、自身が在住、もしくは事業所があるエリアの金融機関の支店が、購入予定の不動産があるエリアにあるかどうかも重要になってくる。ノンバンクは融資を受けやすいが、その分金利が高いので、利用の仕方には注意が必要だ。

「積算評価」重視の思わぬ落とし穴

最後に融資を受ける際に気をつけたいことの一つ、「積算評価」について説明しておきたい。積算評価とは、不動産価値の評価方法の一つで、土地と建物の現在の価値をそれぞれ計算し、合計して算出する。金融機関が融資する際に不動産の担保価値を審査する重要なものになっている。

ただ、気をつけたいのは、セミナーや本などで不動産投資について知識や情報を身につけた人の中に、「積算評価の高い不動産はいい不動産だ」と誤解している人がいることだ。

積算評価は、次のように算出する。

積算評価額＝土地の評価額＋建物の評価額
土地の評価額＝路線価×土地の㎡数
建物の評価額＝再調達価格×建物の延べ床面積×（残存年数÷法定耐用年数）

路線価とは、道路に面している宅地1㎡当たりの評価額のことで、毎年国税庁によって、その年の1月1日時点の価額が7月に公表される。再調達価格とは、現時点でその構造の建物を建てたとしたら1㎡当たりでいくら費用がかかるかの目安で、建物の価格は、その原価から築年数分の減価を差し引いて現在の価値を評価する。

再調達価格は、建物の構造によって異なり、「㎡当たりの単価」は大体以下の通りだ。

RC造……20万円／㎡
重量鉄骨造……17万〜18万円／㎡
軽量鉄骨造……15万円／㎡
木造……15万円／㎡

例えば、延べ床面積400㎡、築年数20年のRC造マンションの場合、建物の積算評価は次の通りになる。

20万円×400㎡×（47－20）÷47＝約4595万円

積算評価が高いと、担保としての評価が高くなり、金融機関から融資を受けやすくなる。

建物の積算評価は、構造、面積、築年数が同じであれば全国どこでも同じだが、土地の積算評価は、路線価がベースとなるため、地域、例えば東京と地方都市とでは大きな差が生じる。

都市部で最寄り駅から徒歩10分の住宅地、所在地は東京都世田谷区某所で路線価50万円と北海道札幌市某所で路線価6万円、構造、面積、築年数は同じ、との想定で比較してみよう。

土地　300㎡
建物　400㎡
構造　RC造マンション
築年数　20年
所在地　東京都世田谷区　路線価　50万円

土地の評価額　50万×300＝1億5000万円
建物の評価額　20万×400×（47－20）÷47＝約4595万円
積算評価額　1億5000万＋約4595万＝約1億9595万円

所在地　北海道札幌市　路線価　6万円
土地の評価額　6万×300＝1800万円
建物の評価額　20万×400×（47－20）÷47＝約4595万円
積算評価額　1800万＋約4595万＝約6395万円

土地の値段が高い東京と比べて、土地の値段が安い地方都市では、物件の積算評価額に占める土地の評価額の割合が低く、建物の評価額の割合が高い。実際に取引される土地の値段はもっと安いため、結果として、地方都市にある、土地が広く、建物の状態が良好な築浅のRC造物件の積算評価が相対的に高くなり、金融機関から融資を受けやすい物件として注目されている面があるのではないだろうか。

こうした事情から、「積算評価重視」のサラリーマン家主が多いわけだが、融資が引きやすいという理由で不動産を購入するのは危険だ。積算評価が高い不動産が必ずしも収益性が高い不動産ではない。別の言い方をすると、融資を受けられたからといって金融機関から太鼓判を押されたわけではないということだ。積算評価ばかりにこだわっていると、収益性の判断が甘くなり、経営困難に陥るケースもあるので注意したい。

地方都市は、首都圏に比べると賃貸需要は少ないので、入居者獲得に苦戦する可能性も高い。融資が引けても、家賃が入ってこない不動産では経営が立ちゆかなくなる。また、大規模修繕が必要な時期の築年数の物件の場合、ＲＣ造は木造と比べて多額の修繕費がのしかかる。積算評価を算出し、表面利回りと実質利回りなど収益評価の両方を見て、それぞれの条件に合った物件を選択することが重要だ。

紙上体験！「不動産会社訪問から契約締結まで」

第1条から第5条まで、不動産を取得するまでの基本を紹介してきた。ただ、途中には、専門用語の解説などもあり、「わかったような、わからないような」と感じた方もいるだろう。そこで、不動産会社を訪問し、契約するまでの一連の手続きを、ここでまとめて紹介する。

今回、一通りのやり取りについて教えていただいたのは、自身も不動産資産ゼロからスタートし、家主業を経営していく中で、家主の立場に立って本気で考える管理会社が必要だと、自身で不動産会社を設立した前出のみまもルームの渡辺よしゆき社長。

それでは、不動産会社に足を運ぶところから、どんな流れで契約するのかを見てみよう。

シーン❶　物件を内見する

あなたは、初めての収益不動産の購入をしようとしている。初めての購入ということもあり、中古区分マンションを探していた。収益不動産専用のポータルサイトを見て、いいなと思った不動産については、その不動産を取り扱っている不動産会社に問い合わせて、物件資料を取り寄せていた。いろいろやり取りをしている中で、数社からメールで不動産情報が届くようになった。その中の一社から届いた物件情報が、あなたにとって良い条件だったことから、内見をすることにした。

物件に足を運ぶと建物は古かったが、設備はそのまま使える状態。リフォーム費用はほとんどかからなそうだった。

シーン❷　買い付けを入れる

内見後、すぐに店舗に足を運び買い付けを入れることにした。

店舗に行くと、買付証明書（買付申込書ともいう）が用意されていた。買付証明書には、購入希望価格、手付金、残代金、契約希望日、決済希望日、融資特約の有無等の項目欄がある。買付証明書の中で特に重要なのが、購入希望価格と融資特約の有無だという。「これに記入してください」と男性の営業スタッフに言われた。

融資特約とは、ローン特約とも呼ばれ、不動産売買契約上で用いられる契約解除条件のこと。金融機関からの融資を前提として不動産の購入手続きを進める場合に、予定していた融資が受けられなくなったとき、売買契約を白紙に戻すことができる特約条項だ。この条項に「あり」とすると、融資が受けられなくなったときのリスクを軽減できる。「ここで重要なのは、買付証明書も売却証明書も、まだ契約しているわけではないので、法的な効力がないということ」と営業スタッフが教えてくれた。

当然だが、売主は、高く買ってくれる買主を優先したいと考えるため、あまり低すぎる希望価格だと購入できない可能性がある。購入希望価格は慎重に記入したい。

手付金は購入希望価格の5～10%、契約希望日は買付日から1週間～10日、決済希望日は契約から1カ月～1カ月半ほどを記入するといいとのアドバイスをもらって、買付証明書を営業スタッフに送ってもらった。

シーン❸　融資を申し込む

いくつかの金融機関に当たって審査を受けるが、事前に当たりをつけておいて金融機関の担当者に「これくらいなら大丈夫か」と確認をしておくとスムーズだ。

金融機関との連絡の取り方については、いくつか注意点がある。金融機関の融資担当者は忙しいので、朝9時ごろに連絡した方がよい。それ以降はいろいろと予定が立て込んでいるために、一見客の電話応対をしていることが彼らにとってストレスになる。ただでさえつかまりにくいが、特に月初、月末、5と10がつく日は避ける。アポイントを取って資料を持っていく。

持参すべき資料とは、以下のようなものだ。

○源泉徴収票
○確定申告書3期分（あれば）
○物件のレントロール
○事業計画書
○収支計画書
○登記簿謄本
○これまでの実績（初心者は当然ないので、2件目以降購入する場合）

以上の書類が必要なのは、担当者が稟議書を上げるための情報に過不足がないようにするためだ。

一度目の訪問で「宿題」をもらうことがある。例えば、資料に不足があった場合は、提出を求められたり、すでに不動産を複数棟所有している場合は、個人名義で買う予定の融資であっても、法人を持っていれば、法人の決算書を求められたりすることがある。その場合、次の訪問日時はその場でアポイントを取るのが基本だ。

自己資金が厚ければ問題はクリアになるので、話を聞いてくれやすい。窓口で断られるケースでは、「当行ではこの案件は難しい」と言われておしまいだ。

シーン❹　売買契約を締結する

数日後、あなたは融資の快諾が得られた。買い付けも無事通ったとの連絡が不動産会社から入った。

不動産会社の営業スタッフに「契約日を売主、買主、仲介会社の3者の都合で決めるので、都合の良い日をいくつか教えてください」と確認された。併せて契約の前に、取り寄せるべき書類について説明された。「契約書」と「重要事項説明書」の他に、区分マンションの場合は、仲介会社に依頼して「重要事項に関する調査報告書」「マンション管理規約」「マンション管理組合の直近の議事録」を取り寄せるという話だった。取り寄せるのに大体1万円ほど必要だという。

「重要事項に関する調査報告書」は、マンション管理会社が発行するもので、具体的には管理費や修繕積立金などの金額をはじめ、売買する住戸に管理組合に対して滞納があった場合には、その金額も記載されている。滞納分は、新しくその住戸を購入した人に負担する義務が生じる。

重要事項説明の時点で、管理組合への滞納分は買主が支払うべきお金であること、併せて時効があることを営業スタッフが教えてくれる。

また、管理組合全体として、その時点でいくらの積立金が貯められているか、さらに、長期修繕計画の有無や過去の大規模修繕の内容なども、大体の調査報告書には記載されていて、しっかりした管理体制のマンションであるかを判断するのに役に立つ。

「契約書」と「重要事項説明書」については、「契約時に初めて見るのでは遅い」と営業スタッフは指摘する。事前にもらって、内容について交渉すべきだという。

特に初心者は、契約日当日に初めて見ても、その内容自体をきちんと理解し確認できないのではないか、という不安もある。「契約日前に3、4回やり取りするケースもある」と営業スタッフは話していた。

無事3者の日程が調整でき、契約が締結された。

シーン❺　決済をする

決済・引き渡し当日は、売主、売主側の仲介会社、買主、買主側の仲介会社、司法書士の5者が立ち会う。さらに今回は融資を受けて購入するため、融資をする金融機関の担当者が同席する。

決済で必要な資金は、売主には、売買代金残金、現在の賃借人から預かっている敷金、固定資産税・都市計画税精算金、管理費、修繕積立金の精算を合算した精算金。仲介会社には、仲介手数料、司法書士には登記費用・登記手数料などをそれぞれ支払う。この決済で必要な資金の明細は事前に仲介会社が教えてくれる。

登記に必要な書類を司法書士が確認して、問題がなければ融資実行へ。売主への残金支払いが振り込みであれば、着金確認を行う。「着金確認、待ちますよね」と営業スタッフは苦笑しながら話した。

着金確認は30分から長いと1時間半程度かかる。「初めまして」の5者が同じ空間で着金確認をするので、結構辛い時間となる。どのように間を持たせるかで仲介会社がずいぶん気を使っていた。買主が送金確認をした後、売主が指定した金融機関への着金を確認。最後に、仲介会社、司法書士への支払いを行って、決済は完了。

決済が終わると、賃貸借契約書の原本や鍵の引き渡しを行い、引き渡しも完了する。

その後、火災保険の加入を行うと、一度にすべての手続きを終えることができる。

監視カメラに映っていた不審な人物の正体

群馬県前橋市の家主が、物件内にある事務所で監視カメラの点検をしていた時のこと。設置している高性能な監視カメラに異様な光景の映像が残っていた。黒色のスーツにマスクをした3人の男性が、それぞれ位置を確認しながら、まるで監視カメラを扱う専門業者が点検をしているような様子で、何枚も監視カメラの写真を撮影していたのだ。

「見た目は普通の中年男性。およそ犯罪を犯すようなタイプではありませんでしたが、エントランスまで入ってきてカメラを確認している様子を見て、急いでエントランスに下りていきました」と家主は当時を振り返る。エントランスに行くと、3人はすでに車に乗り込み、建物から離れようとしていたところだった。家主は急いで車を追いかけ、「人の敷地内で何をしていたんだ」と声を上げたが、彼らは猛スピードでその場を立ち去った。

後日、警察にこの時のカメラに映し出された車体ナンバーや男らの映像を届け、相談すると、車は盗難車両だったことが判明した。警察からは、男らは窃盗の下見に来たのではないかと言われたそうだ。家主は不審人物が敷地内にいたという情報が近隣住民や入居者からあった場合には、その目撃情報があった周辺日時の映像を必ず確認し、警察に巡回警備を強化してもらい、犯罪を未然に防ぐことが必要だと感じたという。

第7条

入居者の ニーズ把握し 部屋づくり

物件のエリア・マーケティング3つのポイント

これまで賃貸不動産の購入までの心構えについて、「情報収集」「不動産の選び方」「不動産の現地確認」「収支計画」「融資」のテーマで紹介してきたが、ここからは購入後の賃貸住宅の経営について紹介する。

第7条では、入居者ニーズを取り入れた賃貸住宅を提供することが、空室リスク回避のカギを握ることを伝えたい。

家主業では、支出を抑えることも重要だが、最も大事なのは家賃収入を確保することだ。家主業の収入は家賃だからだ。家賃収入を最大化するためには、空室をつくらないことに注力しなくてはいけない。空室をつくらないためには、部屋を探している人に「この部屋に住みたい」と思わせることが重要だろう。つまり、入居者のニーズにマッチした部屋づくりが必要だ。

では、どうやって入居者ニーズを把握すればいいのか。最も重要なのは、自身が取得した賃貸住宅のエリアのマーケティングをすることだ。

マーケティングのポイントは3つある。

❶どんな人が住んでいるエリアか
❷どんな賃貸住宅が多いエリアか
❸その入居対象者がそのエリアに住む理由は何か

この3点について探るためには、地元の不動産会社を回ることが有効だ。

例えば、大学があるエリアでは、❶については学生が多く、❷の賃貸住宅の種類は、学生向けのワンルームまたは1Kの賃貸住宅が多くなる。また❸の学生がそのエリアに住む理由は、大学が近いからだといえる。大学があるエリアに不動産を購入する場合、単身者向けのアパートであれば、通常は学生向けに貸すということになるだろう。

しかし、それだけで即決してはいけない。不動産会社を回ってエリアの市場についてヒアリングするときは、学生以外にどんなニーズがあるかを必ず聞かなくてはいけない。当然のことながら、そのエリアには学生向けに賃貸しているライバルが多いからだ。あえてライバルの多い学生を入居者ターゲットとして運営するのか、あるいは、少数派ではあるが、学生以外のニーズを対象とするかを検討する必要がある。

「ターミナル駅でなくても、駅から近ければターミナル駅より家賃が安いので、社会人で部屋探しする人が増えている」などという情報が入れば、ライバルだらけの「レッドオーシャン」を狙うより、まだ潜在的なニーズとしてしか知られていない「ブルーオーシャン」である一人暮らしの社会人向けの需要に目を向ける方が、成功する確率は上がるのではないか。あるいは、単身者向けではなく、あえて二人暮らし向け、ファミリー向けの物件購入を検討するという選択肢もあり得る。単身者以外のニーズがどれだけあるのかを、不動産会社を回って聞くことも重要だ。

例えば「意外に小学校の学区として人気が高いのに、ファミリー向け賃貸が少ない」という声を聞いたら、ファミリー向けにチャンスありだ。「需要に対して少ない＝不足している」ということなので、ファミリー向け賃貸アパートやマンションがあれば狙い目だろうし、あるいは中古分譲マンションも、というように、選択肢はさらに増えるかもしれない。

いずれにしても、収益性が高い不動産の条件は、家賃競争にさらされないポジションにあること。入居者ニーズは、誰もが考えつくようなものだけでなく、意外性のあるニーズ、まさにダイヤモンドの原石のようなものを掘り当てることこそ重要だ。

人気設備は「インターネット無料」が4年連続1位

入居者のターゲットが明確になってきたら、そのターゲットのニーズに合う部屋を考える。入居者ニーズは大きく3つに分けられる。

❶設備に対するニーズ
❷建物の造り・間取りに対するニーズ
❸管理に対するニーズ

まず❶の設備に対するニーズについて説明しよう。

賃貸住宅業界向け専門新聞「週刊全国賃貸住宅新聞」で、毎年「入居者に人気の設備ランキング」という企画を実施している（図表4―⑤）。この企画では、「この設備があれば周辺相場より家賃が高くても決まるTOP10」と「この設備が無ければ入居が決まらないTOP10」の2つのランキングを掲載している。

このランキングは、全国の賃貸住宅管理会社の協力を得て、それぞれについて、単身者向けと2人以上住めるファミリー向けとに分けて回答してもらった結果をまとめたものだ。パッと見ただけ

図表4-⑤-1 この設備があれば周辺相場より家賃が高くても決まるTOP10

単身者向け		順位		ファミリー向け
インターネット無料	前回1位→	1位	←前回1位	インターネット無料
エントランスのオートロック	前回3位↗	2位	←前回2位	追いだき機能
宅配ボックス	前回2位↘	3位	←前回3位	エントランスのオートロック
浴室換気乾燥機	前回5位↗	4位	↖前回6位	ホームセキュリティ
ホームセキュリティ	前回6位↗	5位	←前回5位	システムキッチン
独立洗面台	前回7位↗	6位	↙前回4位	宅配ボックス
24時間利用可能ゴミ置き場	ランク外↗	7位	↖前回9位	浴室換気乾燥機
ウォークインクローゼット	前回8位→	8位	↖ランク外	24時間利用可能ゴミ置き場
ガレージ	ランク外↗	8位 9位	↙前回7位	ガレージ
追いだき機能	ランク外↗	10位	↙前回8位	ウォークインクローゼット

出典:「週刊全国賃貸住宅新聞」(2019年10月21日号)

図表4-⑤-2 この設備が無ければ入居が決まらないTOP10

単身者向け		順位		ファミリー向け
室内洗濯機置き場	前回1位→	1位	←前回1位	室内洗濯機置き場
TVモニター付きインターホン	前回2位→	2位	←前回2位	独立洗面台
インターネット無料	前回5位↗	3位	←前回3位	追いだき機能
独立洗面台	前回3位↘	4位	←前回4位	TVモニター付きインターホン
洗浄機能付き便座	前回4位↘	5位	←前回5位	洗浄機能付き便座
備え付け照明	前回7位↗	6位	↖前回8位	インターネット無料
エントランスのオートロック	前回6位↘	7位	↙前回6位	システムキッチン
宅配ボックス	前回8位→	8位	↖前回9位	ガスコンロ(2口/3口)
BS･CSアンテナ	ランク外↗	9位	↙前回7位	エントランスのオートロック
暖房便座	ランク外↗	9位 10位	←前回10位	エレベーター

出典:「週刊全国賃貸住宅新聞」(2019年10月21日号)

でも、単身者向けとファミリー向けのニーズの優先順位の違いがわかるだろう。購入したアパートの空室をリフォームする際に、どんな設備を新しく入れるかを検討するときには、単身者向けなのか、ファミリー向けなのかで設備のニーズが異なることを押さえておきたい。

このランキング企画は、2005年からほぼ毎年実施していて、私は第1回から編集部の一員として関わっている。第1回からランキングを見ていてわかったことは、「この設備があれば周辺相場より家賃が高くても決まるTOP10」に入っている設備が、2、3年後には「この設備が無ければ入居が決まらないTOP10」に入っていることだ。つまり、年々設備に対するニーズは、レベルが上がっていることになる。

例えば、単身者向けの「独立洗面台」や「宅配ボックス」は、数年前までは「この設備があれば周辺相場より家賃が高くても決まる」のランキングのみに入っていたが、現在は当然ながら両方に入っている。

もちろん、長期間TOP3に入っている設備もある。単身者向けでは「インターネット無料」、ファミリー向けでは「追いだき機能」だ。この2つの設備に共通するのは、家計に優しいということだろう。

インターネット無料についていえば、今や賃貸入居者の主要ターゲットである若者にとって、水道、ガス、電気に次いで重要なインフラで、個人で契約するとなると、通常4000~5000

円ほど必要だ。そのため、インターネット無料となれば、家賃が周辺相場よりも1000円、2000円高くても、個人で契約するより「お得」になる。

では、なぜ家主はインターネットを無料で提供できるのか。当然、インターネット使用料は家主が負担している。ただし、家主向けのインターネット料金は個人の料金とは異なる。集合住宅でまとめてその戸数分を契約するため、1戸で契約する個人よりも安く契約できるのだ。

契約戸数やプロバイダー会社にもよるが、目安としては月額1戸あたり1000円前後、別途工事費などの初期費用がかかる。初期費用は設備投資費と考えるが、月額使用料は家賃が1500円以上高くできるのであれば、入居者にインターネット使用料無料としても、十分まかなうことができる。入居者がいる部屋では、立ち会い確認などに手間がかかり、なかなか工事が進まないこともあるが、家主にとっても、入居者にとってもメリットがあるサービスであり、インターネット無料物件の付加価値は高い。

追いだき機能がファミリー向け物件に人気なのは、やはり生活時間のタイムラグにある。働き盛りの父親が帰ってくる時間が遅いと、子供たちが入浴する時間と間が空いてしまう。熱いお湯を足すことなく、お風呂を温めることができる。

また、二人暮らしや子供が1人のファミリーの場合、2日間お湯を入れ替えずに入るケースもある。そのときにも追いだき機能は役に立つ。ガス代はかかるが、水道代の節約という点でメリットが大きい。

ただ、新聞で掲載しているこのランキングは、すべてのエリアに通じるものではない。全国各地からニーズを集めて一つのランキングにしているからだ。ランキングの順位は、エリアによっては異なるものもあるだろう。所変われば住まいに対する入居者のニーズも変わる。当然、設備についても変わるものだ。しかし、このランキングが役に立たないわけではない。

賢い家主は、何の準備もせずに「このエリアでは、どんな設備があると入居者が決まりやすいのか」などという質問はしない。このランキングを片手に不動産会社を訪問し、「このエリアではどれが上位になるのか」と聞く。不動産会社の担当者も、たたき台となる「週刊全国賃貸住宅新聞」のランキングがあるからこそ、「このエリアは、単身者ならこっちの設備の方がニーズが高いので2位ですね」などと的確なアドバイスができるだろう。

良い情報を集めるためには、自ら情報を発信することが重要だ。そのためのツールとしてもこのランキングの利用価値は高い。

間取りのニーズは地元の不動産会社に聞け

❷の建物の造り・間取りに対するニーズについてだが、一般的に木造アパートよりRC造マンションの方が人気は高いだろう。堅固で階層も高く、グレード感はアパートよりも優位になる。

しかし、いくらマンションの人気が高いといっても、実際に住むとなると話はまた別で、ネックは家賃となる。家賃は「場所×建物の構造×築年数」で決まるが、入居者にとって、住みたい場所と築年数のどちらを優先するかで、建物の構造は決まる。場所を優先するなら、家賃がマンションよりも割安なアパートの方を選ぶだろう。また、マンションとはいえ、築年数が古く、メンテナンスがきちんとされていないと、家賃は同等か少し高くても築年数の浅いアパートの方を選ぶケースもある。

なお、木造戸建ては賃貸として希少価値が高いので、比較的どのエリアでもニーズがある。

間取りについては、どのような入居者層が対象になるかで決まる。単身者向けならワンルーム、1K、1DK、1LDK、2Kとなるし、二人暮らし向けなら広めの1DKや1LDK、2K、2DK、ファミリー向けなら2DK、2LDK、3DK、3LDKとなるだろう。ポイントは募集の仕方にある。ワンルーム、1Kは対象を変えようがないが、1DK以上の間取りになると、対象の幅が広がる。単身でも、2人でも住めるからだ。

例えば、「カップルはもちろん、兄弟・姉妹でも住めます」と募集チラシに入れてもらうと、兄弟で住もうとしている人の目に留まりやすいだろうし、事務所兼自宅の「SOHO」としてでも募集できる。どこにポイントを置くか、その点はやはりそのエリアにどんなニーズがあるかで決まる。

こうした建物の造り、間取りについてのニーズは、地元の不動産会社にどんな来店者がいて、どのような部屋を探しているのか、いろいろ聞いてみるのが有効だ。

この部屋で実現できる生活スタイルを訴求する

埼玉県郊外にある築40年以上の店舗付き住宅を購入した三本勝己さん。もともと1階は古本屋で2階が1LDKの自宅、1、2階合わせて面積は60㎡ほどだった。

特色のある賃貸の新築やリノベーションのコンサルティングを柱に事業展開しているコンセプトエール（東京都豊島区）の久保田大介社長が同物件を見つけて、「店舗スペースを、趣味を思う存分楽しめる多目的スペースにしたら、面白い賃貸物件になると思います」と三本さんに提案。三本さんはサーファーズハウスなどコンセプトのある賃貸物件を手がけていたこともあり、すぐに理解して、購入した。

1階の店舗にあった書棚はすべて撤去。床は何も手を加えずコンクリート土間の状態。約11畳もの広さがあれば、バイクをいじったり、DIYを楽しんだり、美術好きであれば作品を作るアトリエにすることもできる。ペット飼育もOKとした。

そんな思いを込めて、「趣味を思う存分楽しめる多目的スペース付き戸建て賃貸」として募集を開始。すると、募集1カ月で6件近くの問い合わせがあった。契約したのは、美大出身のサラリーマン男性。絵を描くのが趣味で、家賃を比較すると都心の単身者向けとほぼ同じだったことが決め手となった。彼は多目的スペースをアトリエとして使うことで絵に対する情熱が蘇り、デザイナーに転身し、引っ越したという。次に入居したのは爬虫類や両生類好きの夫婦。1階はまるでペットショップのように並んだ棚に水槽が陳列されている。「こんな部屋を今まで探していた」と話す。

もう一つも、また埼玉県郊外の長屋の一戸建て。横田省造さんは2戸連棟の長屋を購入した。こちらもまた前述の事例同様店舗付き住宅2ＳＫ（ＳＫはサービスルーム兼キッチンの意味）。一戸は1階がスナックで2階が居室となっていた。通常はテナント募集をするだろうが、やはりこの不動産を紹介した前出の久保田社長は賃貸住宅としての募集を提案した。

1階には、スナックで使われていたソファーやテーブルがそのまま残っている。もちろんバーカウンターもある。2階は6畳が2間あり、2人でそれぞれの個室も確保できる。このままの状態で面白がって住む人がいるのではないかと「ルームシェア専用」として募集した。すると、20代男性2人が入居を決めた。この店舗スペースで、友達を呼んでたこ焼きパーティーを楽しんだりもしたが、何よりも毎晩2人で酒を酌み交わし、のんびり寛ぐことが目的だったという。

この2つの案件は地元の不動産会社ではなく、企画が得意な管理会社であるコンセプトエールが、それぞれの家主と共につくり上げた。

2つの事例を読んで、こんなにターゲットを絞り込んだ賃貸住宅は、簡単にはできないと思った人もいるだろう。確かに潜在的なニーズを掘り起こす必要がある企画かもしれない。だが、最大公約数のニーズを把握するだけでは差別化を図ることは難しい。

例えば、❶で紹介した設備は、時代によって新しいモノが次々に登場する。新築にはその新しい設備が標準装備されているが、競争上、賃貸住宅の設備を常に新築と同じレベルにバージョンアップしようとすると、いくら資金があっても不足する。設備による差別化には限界があるのだ。

そうであれば、設備に頼らない差別化を図るという方法も考えた方がいい。2つの事例は、コンセプトを明確にしてターゲットを絞り込むことの有効性を教えてくれる。コンセプトを明確にして入居者ターゲットに、その住まいで実現できる生活スタイルをイメージしやすくしたことで、最小限の工事費で賃貸住宅として再生することができた。

入居者に住み心地のよさを感じさせる「管理力」

最後に❸の管理に対するニーズは、設備や建物の造り・間取りと比較すると、目に見えない差別化ということもあり、それほど注目されるニーズではないだろうと思われるかもしれない。しかし、実際住んでみると、入居者はすぐに住み心地に直結する重要なポイントであることに気づくので、結果として退去率の低下につながる。だからこそ、内見時にこの賃貸住宅に住むと、管理が行き届いていて住み心地がよさそうだと感じてもらうことは重要だ。

長野県長野市に約50戸を所有する渡辺一男さんは、自身で作った賃貸住宅のホームページ上で、入居者が「困らない」よう、さまざまな情報を提供している。

例えば、部屋の窓にかけるカーテンのサイズがわかるように「掃き出し窓　タテ２１０㎝×ヨコ１７５㎝」「腰窓　タテ95㎝×ヨコ50㎝」、ガスコンロは持ち込みのため「ヨコ60㎝未満」、洗濯機置き場は「ヨコ80㎝未満」などと表示。引っ越す前にサイズがわかれば、手持ちのガスコンロや洗濯機、カーテンが使えるかどうかわかるし、使えない場合は引っ越し前に購入できる。

また、共用設備の紹介のページでは、敷地内のごみ置き場の様子がわかるような写真、来客者用駐車場を2台確保していること、貸し出し用の工具を共同物置に用意していることなども掲載している。こうした細かい配慮は、部屋探しをしている人に、「きちんと管理してくれる賃貸住宅」と好意的に見てもらえる。

渡辺さんが、このようなサービスを始めたのには理由がある。自身のサラリーマン時代の単身赴任の期間、賃貸住宅に数カ所住んだ経験があり、さまざまな不便さを感じたからだった。その時感じた不便さの解消が、このサービスに盛り込まれているのだ。

「ニーズとは、入居者の困りごとの解決にこそある」と、ある家主から聞いたことがあるが、まさにそのことを意識して、管理をすることが重要だろう。

賃貸住宅経営編［その2］

第8条

業者は　家主の大事な　パートナー

賃貸経営にも「組織の力」が必要な時代になった

家主業は、資産運用の有効な一手法であることは間違いないが、決して楽に儲かるというものではない。不動産の売買によるキャピタルゲインを狙う投資ではなく、取得した不動産を、人々に生活の基盤となる住まいとして提供し、入居者の獲得、賃貸管理、法改正への対応、財務管理など、経営戦略を立て遂行し利益を上げる事業だ。

現在、家主業を取り巻く環境は大きく変化し、到底一人の力だけでは太刀打ちできなくなりつつある。そんな中で、安定した家賃収入を得るためには組織の力、すなわち体制づくりが重要になってきた。その体制をつくるためには、ビジネスパートナーである不動産会社やリフォーム会社との連携が必要だ。

家主業自体は前述した通り、建物を取得し、入居者に貸し、対価として家賃を得るというシンプルな事業だが、家主業を取り巻く賃貸業界は意外に複雑だ。賃貸業界に商品やサービスを提供するために新規で営業をしようとする企業に話を聞くと、営業のやり方は意外と難しいという話を聞く。何がどう複雑なのか、賃貸業界の構造について紹介しよう。

賃貸業は主に3者が関わる。アパート・マンションを所有する家主、入居者募集や賃貸管理を行う不動産会社、そしてそのアパート・マンションを借りて住む入居者だ。3者がそれぞれどのように関係するのかを、第1段階「募集～契約」、第2段階「入居」、第3段階「解約・退去」の3段階に分けて紹介する。

第1段階　募集～契約

入居者の募集は不動産会社が行う。現在、募集方法の主となるインターネットの媒体に物件情報を掲載するのも不動産会社だ。

家主は、不動産会社に物件情報を提供、不動産会社は、部屋の写真を撮影して物件情報を不動産情報ポータルサイト（例えば、「ライフルホームズ」や「SUUMO」など）や自社サイトにアップする。物件情報を見た入居希望者から問い合わせがあると対応し、「内見」と呼ばれる物件見学に同行する。内見後、入居希望者が気に入れば「申し込み」を受け付け、審査。審査後、不動産会社で「賃貸借契約」を締結する。賃貸借契約の際に「重要事項説明書」を読み上げて内容を確認するのは

「宅地建物取引士」と呼ばれる有資格者で、契約を締結後、鍵を渡して入居となる。

なお、募集する際に不動産情報ポータルサイトに掲載する物件情報、すなわち広告の掲載費用はすべて不動産会社が負担する。家主には契約が成立するまでの募集コストは基本的にかからない。

入居者が契約するのは賃貸借契約だけではない。「家財保険」と、近年は「家賃債務保証」の契約を結ぶケースが多い。

「家財保険」は、入居者が契約期間中に、例えば、地震でテレビが倒れて壊れたり、盗難に入られたりなど入居者自身の家財を補償するだけでなく、「借家人賠償責任保険」も付帯されている。「借家人賠償責任保険」は、家主に対して、原状回復のための修繕費用やその他の賠償責任、水漏れなど居住者同士のトラブルに備える第三者への賠償責任を補償の対象としている。

「家賃債務保証」とは、入居者が万が一家賃の滞納をした際に、保証会社が入居者の代わりに家賃を立て替える制度だ。従来は連帯保証人を立てることが難しい人が利用する制度だったが、近年は、不動産会社が入居希望者の審査や滞納督促業務を家賃債務保証会社にアウトソーシングして代理店手数料を得られることもあり、賃貸借契約と併せて入居者に加入してもらうケースが増加している。

この2つの契約には、家主は直接関与せず、不動産会社が、それぞれ保険会社や家賃債務保証会社の代理店として入居者と契約する。ただし、家賃債務保証については、入居者との契約はないが、家賃債務保証会社と家主の間で「家賃債務保証委託契約」を結ぶ。

代理店手数料は、不動産会社にとっても大事な収入源になっている。この2つ以外にも、2018年12月に起きた北海道のアパマンショップ店舗の「ガス爆発」で有名になった消臭剤、浄水器レンタルやカートリッジの販売、24時間緊急駆け付けサービスなどの加入を入居者に促し、代理店収入を得ているケースも少なくない。

家主は、このような付加サービスの契約には直接関与していないとはいえ、自身の所有する賃貸住宅の入居者が、家賃以外にどんな費用を支払っているかは、きちんと把握をしておいた方がいいだろう。

契約時には、家主は入居者からはお金を受け取り、不動産会社にはお金を払うことになる。入居者から受け取るお金は、「敷金」「礼金」「前家賃」「当月家賃」であり、不動産会社に支払うお金は、「仲介手数料」と「広告料」だ。

近年、エリアによっては敷金や礼金をゼロにする物件も増えつつある。これらをゼロにして募集すれば、当然ながら、この収入はない。

一方、支払うお金については、不動産会社によって異なる。家賃1カ月分を仲介手数料として設定する場合が多いが、近年は0・5カ月分のケースもある。

「宅地建物取引業法」には、「貸主と借主それぞれから受け取る仲介手数料は賃料の半月分以内とする。ただし、依頼者の承諾があればどちらか一方から賃料の1ヶ月分以内を受け取ることができる」との記載がある。つまり、仲介手数料は本来0・5カ月分だが、仲介を依頼する家主や入居者が承認すれば、不動産会社は家賃1カ月分を受け取ることができるということだ。

広告料については、こちらも同じように「宅地建物取引業法」では、基本的に0・5カ月分であるが、家主が承認すれば、1カ月分まで支払うことができる。ただし、近年は「AD」という名のもとで、広告料と同じような扱いの手数料を要求する不動産会社もある。それを逆手にとり「ADを多く払うので入居者を決めてほしい」という家主もいる。

「AD」は業法的に問題があると指摘されるが、現状では空室数が増えている中、家主の入居者獲得対策として用いられるケースも少なくない。

第2段階　入居

入居後、家主、不動産会社、入居者の3者の関係はどう変わるのか。それは、家主と不動産会社との関わり方によって異なる。

第1章で、家主と不動産会社との関わり方には3種類あると説明したが、ここでいま一度、おさらいしておこう。

❶ 募集だけを依頼する媒介業務委託
❷ 家賃集金、入居者対応などの管理全般を依頼する賃貸管理業務委託
❸ 建物を一括で借り上げてもらうサブリース委託契約

❶の媒介業務のみを委託する場合は、入居後、契約の更新時期が来るまでは基本的に不動産会社とのやり取りはない。入居後の家賃集金や入居者のトラブル・問い合わせ対応はすべて家主自身が行う。家賃集金の方法は、入居者に、家主が指定する金融機関口座に振り込んでもらう方法が一般的だ。入居者が家賃を滞納した場合、家主自身がその入居者に「家賃が振り込み期日までに振り込まれていません。早く支払ってください」と連絡し、督促しなくてはいけない（図表4─⑥─1）。

「うっかり滞納」と呼ばれる「振り込みを忘れていた」入居者の場合は、連絡すればすぐに振り込んでもらえる。だが、そうではなく、本当に家賃が支払えないような経済状況に陥っている入居者の場合は厄介だ。滞納が発生すると、かなり手間がかかる。「家賃が入ってこない」というストレスだけでなく、滞納する入居者によっては、督促すると罵声を浴びせられたりして精神的ダメージを受けることもあり、心身共に疲弊する家主は少なくない。

入居者が、前述した「家賃債務保証」に加入していれば、「滞納家賃が支払われない」という不安は解消されるが、不動産会社との関係は媒介委託のみの「自主管理」家主にとっては、督促行為

を自身がやらなくてはいけないため、それなりの覚悟が必要だ。

滞納というネガティブな内容から紹介したため、「自主管理」にメリットがないと感じた読者もいるかもしれない。しかし、決してデメリットばかりではない。自主管理するということは、入居者との関係が深まるということだ。家主自身が賃貸住宅に足を運び清掃や巡回をすると、当然、入居者に会う機会が増える。その時に家主と入居者との交流が生まれ、良好な関係を築きやすくなる。

入居者との良好な関係を築くために、入居者向けにイベントを行う家主は少なくない。賃貸住宅の敷地内でバーベキューをするという話はしばしば聞き、私も記事で何度も取り上げたことがある。後述するが、「家主業での幸福感」を語る家主には、こうした入居者との交流を挙げる人もいる。自主管理ならではかもしれない。

また自主管理は、家主自身で管理しているため管理会社に支払う「管理費」がかからないという点が最大のメリットだ。家賃の3~5%程度かかる管理費を高いと感じるか安いと感じるかは家主の考え方次第だが、家主自身が自主管理で経営できるのであれば、収益性を高めることができる。

❷の賃貸管理業務委託をする場合は、入居後の入居者とのやり取りは管理会社が窓口となって行う。そのため自主管理とは異なり、家賃滞納時の督促やトラブル対応などの煩わしい業務からは解放される点がメリットとして大きい（図表4―⑥―2）。

家賃集金を管理会社が行うため、入居者は管理会社の口座に家賃を振り込むか、口座引き落とし

図表4-❻-1 媒介業務委託契約

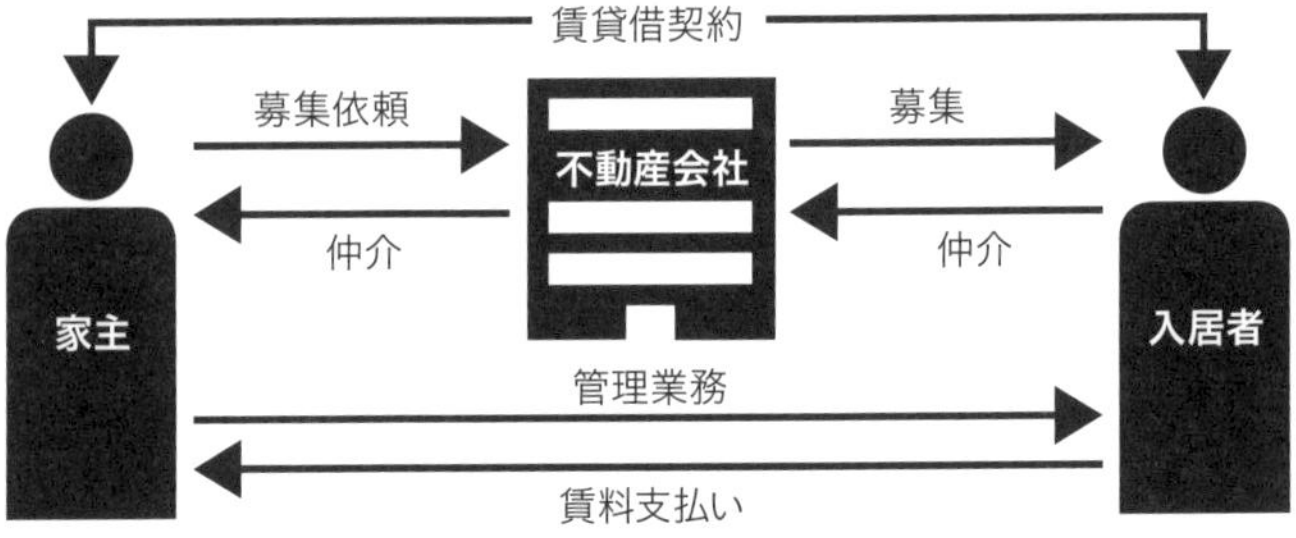

図表4-❻-2 賃貸管理業務委託契約

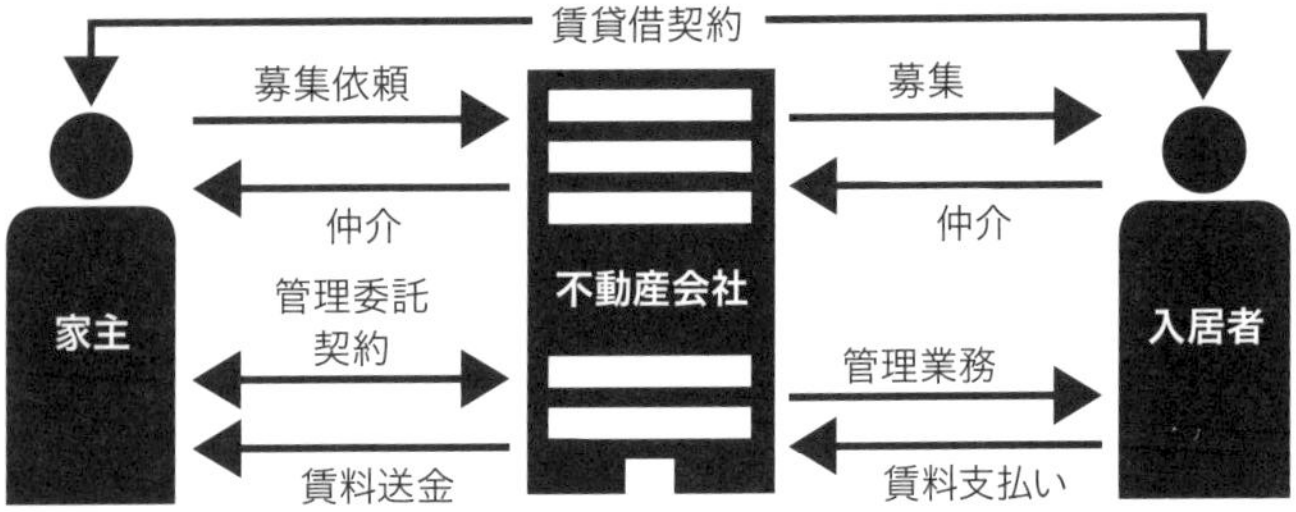

図表4-❻-3 サブリース委託契約

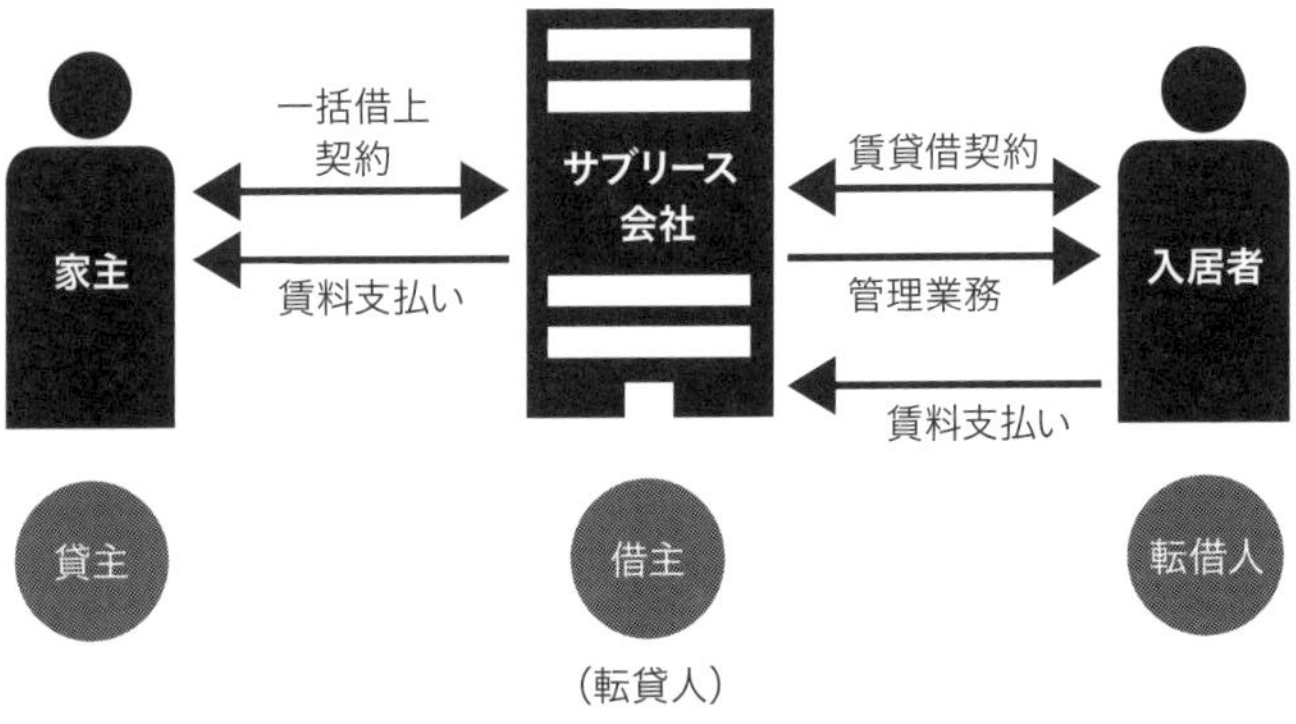

となる。

メリットばかりのように見える管理委託だが、うまく管理会社との関係を築けないと、空室や入居者トラブルの長期化などの問題を招く可能性もある。「管理会社に任せておけば安心」ではなく、管理会社はビジネスパートナーという意識を持つことが重要だ。家主は、経営状況についてはもちろんのこと管理状況を把握し、管理会社と方針を共有することで、家主自身が現場で動かない分、家主の意向を踏まえた対応をしてもらう体制づくりが重要になってくる。
❸のサブリース委託契約の場合は、一見、管理委託契約をするケースと似ているが、似て非なるものだ。サブリース契約とは、アパートなど賃貸住宅をサブリース会社が一括で借り上げて、入居者へ転貸（又貸し）するもの。基本的に家主はサブリース会社と契約し、サブリース会社が入居者と賃貸借契約を行うので、家主と入居者とは直接契約関係がない点が大きく違う（図表4―⑥―3）。
❷の賃貸管理業務委託をする場合は、管理会社が家主の代行業者として動くが、入居者対応、募集条件などの最終的な判断をするのは家主自身だ。しかし、サブリース委託契約をした場合は、入居者に対する「貸主」は家主ではなく、サブリース会社のため家主に判断を仰ぐことはない。結果として、家主は賃貸経営のすべてをサブリース会社に任せることになるので、賃貸経営に関する日常的な業務の負担はかなり軽くなる。
ただし、建物を所有するのは家主だが、経営をサブリース会社に任せているため、経営実態は見

えにくい。サブリース委託契約をしていた家主から、「経営状況が全くわからずブラックボックスで怖かった」と聞いたことがあるが、サブリース会社によっては、どんな入居者がいるのか、入居率や家賃の状況などの情報は一切出さず、明細書によくわからない項目の費用を記載し、家賃収入から差し引いている会社も時々あるという。

サブリース会社が家主から借り上げる家賃の金額は、定期的に見直しを行う。見直しの時期が来たときに初めて入居状況が悪いことを知らされ、その結果、借り上げ家賃の減額を要求されるということはよくある話だ。

サブリース会社に委託する場合であっても、現状を共有し、家主として建物の付加価値を上げる対策はできる。「楽して安心」などというキャッチコピーに惑わされず、何か問題が発生した場合、最終的な責任を問われ、負担を強いられるのは家主であることを認識して委託することが重要だ。

第3段階　解約・退去

賃貸借契約には、「普通借家契約」と「定期借家契約」という2種類の契約がある。

普通借家契約は、賃貸契約期間が満了しても、入居者が引き続き住むことを希望している場合には、家主に正当な事由（どうしてもそこに住まなければならない理由がある他、一定の事由）がない限り、家主は契約の更新を拒絶できないという規定がある。弱い立場の入居者の保護を図るという「借地借家法」の原則が適用される契約が、普通借家契約だ。これに対し、定期借家契約は、契約期間更新のない契約で、契約期間が満了した時点で終了する契約である。

一般的に多く利用されるのは普通借家契約で、契約期間は2年というのが一般的。契約の更新は、家主、入居者双方の契約継続（更新）の合意により更新手続きが行なわれる「合意更新」が通例となっている。特段の更新手続きがなされなかったときは、従前の契約と同一条件で更新されたものとみなされる「法定更新」となる。契約の当初に更新する旨をあらかじめ約束する更新の方法、「自動更新」もある。賃貸借契約は地域により慣習が異なり、大阪や北陸では自動更新が多い。

合意更新の場合は、一般的には契約満了の2カ月ほど前に、不動産会社が「契約更新について」の書面を入居者に送付する。契約書にはたいてい「解約」の条項に、入居者は1カ月前に家主または管理会社に解約の通知をしなければならないという旨の記載があるため、1カ月以内に更新に関する意向を確認する。

この「契約更新について」の書面は、自主管理の場合は家主自身が送るケースと仲介した不動産会社が送るケースがある。仲介した不動産会社が送る場合、更新する際の手続きを不動産会社が行い、更新手数料を入居者から受け取る。更新手数料は不動産会社によって異なるが、通常家賃の1～2カ月分だ。

契約を更新せず、契約期間満了で解約する場合は、退去日と退去立ち会い日を決定する。

退去立ち会いの際には、部屋の状態を確認する。入居時に、部屋の状態を入居者と共に確認し、場所ごとに写真撮影をして傷や汚れがないことを確認するが、その時に確認した資料をもとに、退去立ち会いでは両者で確認する。その際、明らかに経年劣化や通常使用で汚損・損傷してしまった場合の修繕費は家主負担となるが、入居者が故意に壁や床などを傷つけたり壊したり汚したりした場合の修繕費は入居者負担となる。

この退去立ち会いは、非常に重要な業務となる。退去するときに、入居前の状態に部屋を戻す「原状回復」をめぐる費用負担についてのトラブルは少なくないからだ。そのため国土交通省では、修繕費用が家主側、入居者側どちらの負担になるかの判別をするために、「原状回復をめぐるトラブルとガイドライン」を制定。東京都はそのガイドラインの内容を「条例」としている。さらに、2020年の「民法改正」では、この原状回復に関するガイドラインが新規条項として追加されることが決まっている。

その他、あらかじめ契約書に特約として「退去時にハウスクリーニング代10万円を借主負担とする」などと明記している場合は、原状回復費用が決定後、原状回復費用とハウスクリーニング代を敷金から差し引いて入居者の口座に返金する。

こうした退去・原状回復の手続きは、自主管理の場合、家主自身が行うが、仲介した不動産会社に手続きを依頼するケースも少なくない。賃貸管理委託や、サブリース委託の場合は、管理会社が手続きをする。

不動産会社はこうして味方につける

不動産会社と一口にいっても、さまざまな取引形態がある中、一般媒介の不動産会社や管理会社と、どのように連携していけばいいのだろうか。

北海道札幌市の山岡清利さんは、当初は管理会社に任せっきりだったが、空室の大量発生や費用負担の重さから、自主管理、つまり募集のみを不動産会社に依頼する一般媒介に切り替えた家主だ。大量の空室を埋めるために、所有不動産を回って状況を把握し、不動産会社を回って営業した。その結果、空室はスムーズに解消した。そこでわかったことは、「物件力が大事である」ことと「不動産会社を味方につける」ことだったと語る。

物件力は、リフォームやモデルルーム化することで向上できても、入居者募集は、不動産会社が動かないことには始まらないため、特に工夫が必要だった。不動産会社が自分の賃貸物件を紹介しやすいように、自身でできることは、できる限りサポートしたという。

例えば、物件写真は自身で撮影して、不動産会社がインターネットから簡単にダウンロードできるように準備。クリック数が上がるように、天気のいい日に青空が背景の外観写真を撮影しておく。また、物件に関する情報をメールでまめに配信する。

こうした準備は、実は繁忙期前の「閑散期」に仕込んでおく。その結果、山岡さんの部屋は「決まりやすい＝即売り上げ」と評価され、仲介会社のスタッフたちに、「あとは来店客を待つのみ」と、いつも歓迎されたという。

「やはり彼らも入居希望者に良い部屋を紹介したいし、契約につながりやすい部屋をみすみす他社に取られたくはないと考える」と山岡さんは話す。

また、仲介会社の店舗をまめに訪問し、入居希望者が来店すれば、家主自ら直接内見に案内もする。その際手ぶらではなく、必ずスタッフへのお土産を持参する。そのお土産も何が喜ばれるかをリサーチして選ぶ。夜食に便利なインスタント焼きそばなどは割と喜ばれるのだという。物件が魅力的であることはもちろんだが、仲介会社とがっちりタッグを組むことが、紹介したい家主になる道につながるのだ。

家主はスポーツチームの監督に似ている

管理会社との付き合い方となると、少し違ってくる。一般媒介に比べ、家主自身が動くよりも、管理会社が動きやすいように判断できるかどうかという点が重要になる。

宮城県仙台市の菅原貴博さんは、278戸の賃貸住宅を東北3県に所有しており、10社の管理会社に委託し、その体制でほぼ満室を実現しているという。

中古物件を購入したときは、基本的に管理会社は変えない方針だ。中古物件を買う場合、管理会社も変えてしまうと、その売買の前の状態に対して責任を持って発言ができる人がいなくなってしまうからだそうだ。

当然、購入したときの管理会社の管理レベルは必ずしも高いとは限らない。それでも菅原さんは、継続して付き合っていると見えてくる良いところを重視しているのだ。

「最終的にはコミュニケーションが重要。やるべきことは、相手に存分に力を発揮してもらって、自分の目的をいかに達成するかということだ。ただ話を聞けばいいというものではないし、ただ指示を出せばいいというものでもない」と菅原さんは言う。

誠実に対応してもらうためには、相手に責任感を持って動いてもらわないといけないが、その責任感をどう感じてもらうか、というところが難しい。ただ責任を押し付けるだけでは、良好な関係は築きにくくなる。

菅原さんは、「本音はみんな責任なんて取りたくないと思っているのだから、『あなたがやるって言ったのだからあなたがやりなさい』みたいな言い方ではやる気を失うだけ。その責任を、家主が取ってあげるという姿勢を示すことが大事」と話す。

例えば、入居者からクレームが来て、「どうしましょうか」という相談があったときは、「家主がこう言っているからって、管理会社じゃなくて俺のせいにしていいから、こういう風に対応して切り抜けよう」という感じで対応しているという。

「われわれ家主の仕事は野球でいえば監督。誰にどう動いてもらって、今一番活躍できる人は誰で、どの場面にどのタイミングで、選手をどう送り出していくのかといつも考えている」と管理会社との連携について語っている。

担当者との「月1会議」でリーマン・ショックを乗り越えた

42戸の賃貸住宅を所有する愛知県豊田市の加藤芳雄さんは、リーマン・ショックの時に満室が続いていた経営状況から、一転、入居率が62%に落ちた経験を持つ。この逆境から見事1年後には満室に返り咲いたが、背景には管理会社との協力関係があった。

加藤さんは、リーマン・ショック以前から、賃貸経営には管理会社との連携が重要と考え、毎月定例会議を行っていた。毎回50分ほどで、管理会社の管理部門担当者と仲介部門担当者、加藤さん家族が参加する。会議のテーマは、主に空室情報、市場情報、リフォーム、ごみステーションの不法投棄など現状の問題点について話し合う。テーマは毎回、加藤さんが決めて、議事録は管理部門担当者がまとめる。

２０１９年11月には２１０回を迎えた。これまで行ってきた定例会議が最も効果を発揮したのは、リーマン・ショックの時だった。満室だった入居が一気に16戸空室になったのだ。当時、加藤さんの物件では空室7戸が損益分岐点だったため、課題は入居率の改善となる。定例会議で改善策を話し合った結果、以下の4点を実行することになった。

1点目は「仲介会社の拡大」だった。当時、7年間共に対策を講じてきた管理会社の仲介力が下がっていた。そこで、仲介する会社を、1社から他の不動産会社を含めて5社に増やすことを決断したが、長年取引している管理会社に、仲介会社を増やすことを伝えるのは辛かったという。管理会社は、その気持ちを汲んで他の不動産会社にも仲介を拡大することに納得した。蓋を開けてみると、新規仲介会社が奮闘した。

2点目は、家賃を下げるキャンペーンの実施。家賃を3000円下げた。周辺の物件より半年ほど早く下げたため、先手必勝が奏功した。

3点目は、リフォームを行ったこと。リーマン・ショック前までは、人材派遣会社のスタッフ向けに3DKの部屋を3人入居用に貸し出していたが、人材派遣の需要拡大が見込めないことからターゲットを新婚、ファミリーへとシフト。そのため、間取りを2LDKに変更し内装も変更した。

最後の4点目は、清掃など環境美化の徹底だ。共有のごみ置き場の修理、ごみの分別、1階専用庭の草むしり、春・秋の環境美化運動、放置自転車の整理、壁・給排水管の保全、結露防止の通知の7項目の改善策を行った。

以上の4点を実行した結果、8カ月後には15戸、1年かけて16戸すべての空室が解消した。

「家主一人ではうまくいかない。家族をはじめ管理会社、リフォーム会社、仲介会社、さらには地域とのコミュニケーションを考えながら進めていくことが、いい環境をつくり出す」と加藤さんは語る。

物件ごとにリアルタイムで情報共有

紹介した3人の家主の例を見ると、管理会社や仲介会社は入居者募集、入居者満足に直結する役割を担っているので、彼らがいかに動きやすいような環境をつくるかが重要であることがわかる。また、そのためには家主自身の努力や決断は欠かせないのだ。ここに入退去の入れ替え時に依頼するリフォーム会社が加わると、家主には業者間の交通整理がさらに求められる。

北海道札幌市に85戸所有する小山力大さんは、建物ごとに管理会社の担当者と施工業者、家主の小山さんでFacebook上にグループをつくり、各物件に携わる人たちが情報を共有しやすくしている。その結果、退去後のリフォーム内容の判断、入居可能日時などを3者で共有でき、空室期間の短縮に成功している。

退去が発生すると、必ず「原状回復」という作業が必要になる。汚損、破損等を修繕、ハウスクリーニングを実施して入居前の状態に戻す作業だ。このタイミングで、古くなった設備を交換したり、内装をガラッと変えるリフォームを施したりすることもある。原状回復が完了すると、入居可能日が決定する。入居可能日が決定すると、不動産会社は募集ができるようになる。裏を返せば、入居可能日がわからないと募集ができないため、退去後の原状回復の状況の情報の共有は募集に大きな影響を与える。

小山さんの場合、ポイントとなるのは、建物ごとにグループを分けていることだ。建物ごとにグループをつくっておけば、「105号室」と書くだけでどこの物件であるかの明記は不要。よりスピーディーに情報共有でき、判断することができるのだ。この方法の結果、「以前は、築年数の古いアパートなどは、空室が発生すると半年ほど空いたままになることもあったが、この方法で、1、2カ月で決まるようになった」と小山さんは話す。

小山さんの事例を見れば、管理会社、仲介会社だけでなく、リフォーム会社とも連携すれば、意思決定や作業実施のスピードアップを図ることができ、経営の効率が高まることがわかるだろう。

第9条

法律や税務の知識 身につけよ

「借地借家法」家賃の督促は慎重に行う

家主業は「賃貸借契約」という契約が前提のビジネスだ。契約事にはさまざまな法律がつきまとう。特に「住」という生活基盤を扱う家主業は法律への理解がないと、とんでもないトラブルに巻き込まれることがある。非があるのは入居者にもかかわらず、対応の仕方を一つ間違えると家主が罰せられてしまうケースもある。そのようなケースで最も起こり得る可能性が高く、厄介なトラブルの代表は「家賃滞納に対する督促」だ。

なぜ、家賃滞納に対する督促が厄介なのか。毎月の支払い期限までに家賃を支払うことは、入居者、家主双方が合意し賃貸借契約を締結している。もし、入居者が支払い期限を過ぎても家賃を支払わなかったら、当然、契約違反であり、家主が速やかに家賃を支払うように督促すること自体は正当な行為であり、問題はないはずだろう。

ところが、この家賃の督促行為はかなり慎重に行わないと、逆に入居者側から訴えられるリスクもあるため注意が必要だ。脅迫じみた督促行為が違法とみなされる場合があるからだ。具体的にどんな督促行為を行った場合、違法行為とみなされるのだろうか。

○早朝・深夜の時間帯での訪問・電話等による督促
○勤務先への訪問や電話による督促
○「家賃を支払え」などという貼り紙を入居者宅の玄関ドアに貼って督促
○入居者が外出中に、契約した住戸の玄関ドアの鍵を交換し利用できなくする督促

以上のような督促行為は、滞納家賃の督促についても適用される「貸金業法第21条第1項」に違反し「違法」とみなされる。家賃の滞納が続く場合、最終的には法的な手続きを経て「強制退去」となる。「強制退去」、つまり部屋の「明け渡し」まではどのような過程が必要なのか。

まず、入居時に交わした「賃貸借契約」を解除する。民法上、家主と賃借人との「信頼関係の破綻」を理由に、家主側から一方的に賃貸借契約の解除を行うことができる。「信頼関係の破綻」とみなされるためには、2つの条件が必要とされている。

一つは、家賃滞納額が3カ月分程度あること。もう一つは、一定の期間支払いを求めているにも

かかわらず、家賃の支払いがない状態だ。

信頼関係が破綻しているとみなされると、裁判所への「明け渡しの強制執行の申し立て」ができるようになる。いわゆる「明け渡しの申し立て」を行うために家主は賃借人に対して次のような段取りで行動を起こす。

ステップ❶　督促状の送付

家賃を滞納している入居者に対し、支払いを求める「督促」をする。督促の方法は、主に電話、書面、訪問などで行う。ただし、前述したように督促する時間帯や方法などには注意が必要だ。督促状は間を空けて2回送る。

ステップ❷　内容証明（通知書）の送付

複数回にわたる督促にもかかわらず、家賃が支払われない場合、「期限までに支払いがない場合は契約を解除する」旨が書かれた「契約解除の予告通知書」を「内容証明郵便」で送る。「内容証明郵便」は、いつ、誰が、誰に、どのような内容の書面を送ったのかを証明する書類だ。強制退去させるために、契約解除の通知を間違いなく届けたという第三者的な証拠の一つとして、有効かつ重要な書類となる。入居者は、内容証明による契約解除の予告通知書が届くことで、家主が法的な手続きを進める準備に入ったことを認識する。

ステップ❸　契約解除前に全額入金があった場合の書面の取り交わし

賃貸借契約の解除の成立前に滞納家賃全額の入金があった場合は、どうすべきか。書面で、今後、契約が履行できなければただちに部屋を明け渡すことなどを明記して取り交わす。

ステップ❹　賃貸借契約の解除と残置物放棄書の取り交わし

「契約解除の予告通知書」を入居者が受領した後、任意で退去に応じる場合は、賃貸借契約を解除する。同時に「残置物放棄書」を取り交わすことで、部屋の中にある荷物の所有権を放棄することを誓約する。なお、滞納分の家賃を分割で支払う場合は「分割払い確約書」を取り交わす。

また、この残置物と呼ばれる、入居者が夜逃げなどで置いていった家具や家電、その他の荷物は間違っても勝手に捨ててはいけない。夜逃げして連絡が取れないままの入居者だったとしても、前出の「残置物放棄書」を取り交わしていない場合は、ある一定の期間保管しなくてはいけないのだ。

以前、知識がない家賃債務保証会社の担当者が、残置物を勝手に捨ててしまい、後から元入居者に損害賠償を請求されたケースを聞いたことがある。滞納された上に、知識が不足していたために、さらに損害賠償を滞納者に支払うほど馬鹿らしい話はないだろう。

ステップ❺　明け渡し請求訴訟の準備

ステップ❹までの手順を踏んでもなお、契約解除の予告通知書に記載した期日内に滞納賃料の支払いがなく、退去にも応じない場合がある。その場合は「不動産の明け渡し請求訴訟」の準備に進むことになり、司法書士や弁護士などの専門家に対応を依頼する。

以上のような手順で滞納の対応をすると、基本的には半年ほどの時間がかかる。入居者が滞納した家賃を支払わず、また新規募集もできない半年間は、家主にとっては大きなロスとなる。家賃という家主業にとって大事な収入源であるのに、入居者から滞納した家賃を回収することも、解約して次の新しい入居者を募集することも簡単にはいかないのだ。

「定期借家契約」に注目

なぜ、飲食店でいえば「無銭飲食」のような行為をされているのに、これほどまでの期間をかけないと解約できないのか。

それは、「借地借家法」という法律により、入居者が保護されているからだ。「借地借家法」は、契約自由の原則に制限を加え、社会的・経済的に弱い立場にある賃借人を保護するために制定された。その法律の解釈として、賃貸借契約のような継続的契約関係は、当事者間の信頼関係が基礎になっているといわれる。そのため、賃貸人による解除が認められるには、信頼関係が破綻したかどうかがカギとなる。家賃を1回滞納したくらいでは、一般的には信頼関係の破綻が認められにくい。

なお近年は、「家賃債務保証」に加入することを契約時の条件としているケースが増えている。家賃債務保証とは、加入した入居者が万が一家賃を滞納した場合、その滞納家賃を入居者に代わって支払うサービス。連帯保証人を立てることができない人でも、家賃債務保証に加入していれば、家主は安心して賃貸借契約を締結することができる。

一方、家賃の支払いに対する信用力に欠けると、家賃債務保証に加入できない場合もあるので、ある意味、与信調査的な役割も担っている。

前述したような督促業務については、家主ではなく、家賃債務保証会社や管理会社が行うケースも増えている。ただし、家主自身が実際行わないからといって、その知識がなくてもいいわけではない。なぜなら、家賃債務保証会社や管理会社の中には、督促業務の理解に乏しい担当者もいるからだ。督促業務を、家賃債務保証会社や管理会社に外部委託しても、委託先が誤った方法で督促すると、最終的に家主の責任は免れない。知識を身につけることが重要だ。

その他、更新の拒絶についても、契約期間が満了すれば契約は終了するのが原則だが、借地借家法では家主が更新を拒絶するためには、「期間満了の1年前から6カ月前までに更新拒絶の意思を表示する」ことに加えて、「正当な事由」が必要だ。この正当な事由とは、賃貸人または賃借人が建物を使用する必要性、賃貸借に関するこれまでの経過、建物の利用状況、建物の老朽化の程度や損傷状態、立退料によって個別に判断される。この規定は当事者間の合意でも排除できない強行規定のため、契約書に期間満了で契約更新しないという特約を記載してあっても無効になる。

家賃滞納よりもさらに厄介なのは、周りの入居者に迷惑をかける不良入居者だ。

夜中に大きな奇声を上げる人やごみ捨てマナーが悪い人、さらに汚物を集合ポストに入れる人などさまざまだ。そんな「変な」不良入居者については別の項で紹介するが、とにかく世の中には想像できないような行動を取る人はいる。そんな人との解約は結構面倒で、当事者とやり取りしている間に、他の優良な入居者が退去してしまうこともある。

こうした賃貸借契約で、家主が圧倒的に不利な状況になることを回避するため、「定期借家契約」を利用するケースが増えている。

賃貸借契約には、第8条で少し触れたように、「普通借家契約」と「定期借家契約」がある。賃貸借契約の大半は普通借家契約で、2000年に「定期借家制度」が始まったが、定期借家契約の利用はまだ一部にとどまる。

定期借家契約の最大の特徴は、「契約期間が満了したら更新はしない」ことだ。そのため、問題がある不良入居者との契約を契約期間満了をもって終了することができる一方、優良入居者については、再契約という形で住み続けてもらえるので、本来であればもっと利用が多くても不思議ではない。あまり普及しないのは、普通借家契約に慣れている不動産会社が、新しい手続き方法を覚えるのを面倒と感じたり、入居者に説明して理解を得られない可能性もあったり、解約通知のルールが普通借家契約とは異なるなど、積極的に導入したいと考える不動産会社が少ないためだ。

なお、定期借家契約の場合、「契約期間満了の通知」は1年未満の期間では不要だが、1年以上の場合は契約期間満了の1年前から6カ月前までに送らなくてはいけない。その点が、大半の不動産会社に業務が煩雑になると敬遠されている理由の一つでもある。家主側が、定期借家契約のメリットとデメリットをきちんと理解し、不動産会社に働きかけていくことが重要だろう。

「民法」2020年改正で家主業に関わる4つのポイント

家主業は、「借地借家法」の他に、「民法」も関わりが大きい。特に2020年4月に法改正する民法では、次の4点が家主業に関わる内容で留意しておくべきだろう。

❶個人保証における極度額の設定

改正前までは、家賃債務保証会社でも個人の連帯保証人でも極度額の設定は不要だったが、改正後は、個人の連帯保証人は極度額を設定しなければ金銭債務を負わない。その極度額を契約書に記載することになった。では、この個人保証はどんな場面で必要になるのか。主に滞納賃料、原状回復費用、自殺があった際の賃料減額分の損害賠償請求時に必要となる。極度額を設定しないと無保証になってしまい、家主にとっては不利になる。

❷賃借人の原状回復義務

入居者は、通常の使用及び収益によって生じた賃借物（建物及び部屋）の損耗並びに賃借物の経年変化を除く損傷がある場合、賃貸借契約が終了したときはその損傷を原状に戻す義務を負う。つまり、原状回復にかかる費用について、家主負担は通常損耗と経年変化で、入居者負担は故意・過失による損傷となる。

❸貸し室設備の一部滅失による賃料減額

入居者の過失ではない設備等の故障は、賃料の対価となる使用収益が得られないため、賃料が減額される。例えば、エコアンが使えない、水が出ないなどの場合、免責日数を考慮した上で、減額割合から算出して賃料減額を決める。

❹賃借人の修繕権

入居者は、建物及び部屋に修繕が必要な場合、その内容を家主に通知あるいは家主が知ったにもかかわらず、相当の期間内修繕をしないときと急迫の事情があるとき、修繕することができる。裏を返すと、家主が修理しなかったり、対応が遅かったりした場合、修理する権利が入居者に発生するので注意が必要だ。

その他にも、人を相手にするビジネスである家主業では、さまざまなトラブルが発生するので、知っておいた方がいい法律は多い。しかし、基本的に、前述した借地借家法における家賃滞納への対応や賃貸借契約の解除に関する部分、そして民法の改正部分を押さえておけば、その他の法律については、何かあったときに、その都度専門家に相談すれば問題ないだろう。

「税法」家主にかかる税金、徹底解説

税務についても、税理士にすべて任せておけば安心というものではない。任せるにしても、家主自身が勉強しておいた方が将来の計画はずっと立てやすい。

まず、基礎知識として、家主業ではどのような税金がかかるのか、段階を踏んで紹介しよう。

不動産を購入するとき

不動産を購入するときにかかるのは、「不動産取得税」「登録免許税」「印紙税」「消費税」。不動

産取得税は地方税で、家主として賃貸経営を始めるために、新たに土地や家屋等の不動産を購入した場合等に課税される。登録免許税は、取得した不動産の登記を申請するときにかかる税金。印紙税は、不動産取引の契約書を作成する際に課される国税だ。不動産売買契約書や建築請負契約書等に、契約金額に応じ、収入印紙を貼付して納税する。

不動産を所有しているとき

不動産を所有しているときにかかるのは「固定資産税」「都市計画税」。毎年1月1日付けで課税される。固定資産税は、不動産等（土地、家屋及び償却資産）を所有している場合に課税される地方税。一方、都市計画税は、都市計画事業などの費用に充てられる地方税だ。なお、アパートや賃貸マンションなどの住宅用地の場合は、駐車場などの「非住宅用地」に比べて、固定資産税は一定の面積まで6分の1、都市計画税は3分の1にそれぞれ大幅に軽減される。

不動産を賃貸したとき

家賃収入には、「不動産所得」として「所得税」「住民税」「事業税」がかかる。

家賃収入は、不動産所得として所得税の課税対象になり、1月1日から12月31日の1年間の所得に対して課税される。住民税は、所得税が確定した後に算出され、翌年に支払う。それぞれの税金は、収入からさまざまな「控除」を差し引いて納税する。

また、会社を通して「給与所得」の所得税を納税しているサラリーマンは、家主業で20万円超の所得がある場合は、家主としての確定申告が必要になる。

確定申告のポイントについて紹介しよう。勘違いする人が時々いるが、所得と収入は違う。所得とは、収入から必要経費を差し引いたものだ。賃貸経営における収入には、家賃だけでなく、共益費、礼金、更新料等が含まれる。必要経費には、不動産に関わる固定資産税、管理費、修繕費、損害保険料、減価償却費、借入金の利息等がある。

確定申告には「青色申告」と「白色申告」がある。白色申告は、簡易な記帳による帳簿が認められている。一方、青色申告には記帳の義務があるが、税法上の優遇措置を受けることができる。

青色申告には、「青色申告特別控除」「青色事業専従者給与」「純損失の繰越しと繰戻し」の3つのメリットがある。

青色申告特別控除は、所得金額から最高65万円（2020〔令和2〕年より、帳簿を法律で認められた電子保存しているか、電子申告を行う場合以外には、55万円）または10万円を控除できる。5棟10室以上等の事業的規模の場合、不動産所得に関わる取引を正規の簿記の原則により記帳し、貸借対照表及び損益計算書を確定申告書に添付すると、65万円か55万円の控除が受けられる。それ以外の場合は、10万円を控除できる。

青色事業専従者給与は、青色申告者の不動産経営を事業的規模で行い、15歳以上の親族が手伝う場合に支払う給与で、必要経費として認められる。一方、白色申告の事業専従者控除は、配偶者の場合86万円等の上限がある。青色事業専従者給与の適用を受けるためには、届出書の提出が必要だ。

純損失の繰越しと繰戻しでは、減価償却費の計上等で、その年の所得が赤字になった場合、その赤字分を翌年以降の3年間にわたって、各年の所得から差し引くことができる。前年も青色申告をしている場合、純損失の全部、または一部を前年分の所得から差し引くことができ、還付を受けることもできる。以上が所得税を節税するポイントだ。

「事業税」は、家賃収入が一定以上の規模である場合、課せられる。5棟10室以上等の事業的規模になると課税対象となり、所得金額から「事業主控除」等を引き税率をかけたものだ。事業主控除とは、一律で年間290万円の控除のこと。不動産所得が290万円以下であれば、事業税は発生しない。税率は、不動産賃貸業の場合は5％となる。ただし、事業税は、所得税・住民税と同様に毎年の不動産の利益に対してかかる税金だが、所得税・住民税と異なり、経費になる。

個人の最高税率60％（所得税45％、住民税10％、事業税5％）近くとなる場合は、法人化によって節税の方法を検討するのも一つの手だろう。

❹不動産を売却するとき

不動産を売却するときは、「譲渡所得税」「印紙税」がかかる。

譲渡所得は「収入金額」から「取得費」と「譲渡費用」を差し引いたもの。不動産を売却したときの譲渡所得も所得の一種なので、所得税と住民税の課税対象になる。給与所得などと異なるのは、不動産の譲渡所得は「分離課税」となっている点だ。給与所得や事業所得、一時所得などは、1年分の所得を合計して税額を計算する「総合課税」だが、譲渡所得は、他の所得と切り離して計算する。

譲渡所得に対する税率は、売却した年の1月1日現在で、その不動産を所有していた期間によって異なる。所有期間が5年以下の場合は「短期譲渡所得」となり、39・63％の税率。所有期間が5年超の場合は「長期譲渡所得」となり、税率は20・315％だ。つまり、所有期間5年を境に、譲渡所得税の税率は大きく変わるので注意が必要だ。

経費はどこまで認められるのか

「賃貸経営に関わる部分で経費になるかどうかの判断の基準は、基本的に『業務に関係しているかどうか』です」

こう話すのは、大家さん専門税理士を標榜する渡邊浩滋総合事務所（東京都千代田区）の渡邊浩滋税理士だ。

例えば、賃貸経営に関するセミナーの受講費、専門雑誌、専門新聞、専門書籍などの購入費は、賃貸経営をしていく上で必要な情報収集に当たるため経費として計上できる。

では、不動産視察についてはどうだろうか。最近は海外不動産に投資する人も増え、海外への不動産視察旅行も珍しくないが、不動産視察旅行には注意が必要だ。時々税務署から「買ってないでしょう。それでは観光旅行とあまり変わらない」と指摘を受けることがあるという。それでも「買わなかった理由を明らかにしたり、視察した証拠となる写真や不動産情報チラシ、訪問した不動産会社の名刺、さらにブログでもいいのですが、視察レポートを書くことで証明することができます」と渡邊税理士。

家族従業員、つまり青色事業専従者とだけの慰安旅行の費用は、単なる家族旅行としての性格が強いものとみなされ、通常の場合、家事的な費用として取り扱われるので、必要経費に算入することはできないという。

名古屋地裁平成5年11月19日判決において、「サラリーマンの家族が行ういわゆる家族旅行と異なるものではない」として必要経費を否定されている。

ネットでの購入品の代わりに郵便受けに入っていたもの

あるアパートで、入居者から「ネットで購入した商品が、配達記録はあるのに郵便受けにない」という相談が管理会社に届いた。管理会社は、さっそく入居者に不審者を見ていないかと尋ねてみると、70代女性入居者の不審な行動が目撃されていたことがわかった。

この女性、白昼堂々、他人のポストの中を覗いていたという。玄関ドアに魔除けのような飾りをつけるなど、周りから変わった人という印象を持たれていた。

さらに驚く事件が起きたのは、その騒ぎから数カ月後。あろうことか郵便受けに無作為に排泄物が入れられ、郵便受けの下にもばらまかれていたのだ。すぐに監視カメラを設置、マークしていた女性入居者にもそのことを告げた。

ところが、数日後、同様の手口で郵便受けに排泄物が入れられていた。すぐに監視カメラの映像を警察に届け確認すると、そこには女性入居者が、夜、排泄物をばらまく姿が映っていた。女性入居者宅を捜索すると、冒頭の他の入居者の郵便受けに入っていたはずの宅配された商品も出てきた。

「おそらく周りの反応を見て楽しむ愉快犯だったのでしょう。今は管理会社の巡回を強化してもらい、入居者に異変はないか確認してもらっています」と家主は話した。

賃貸住宅経営編［その4］

第10条

売却は　事業拡大の　カギ握る

不動産売却成功の3つのポイント

土地を持たずに家主業を始める場合は、多額の借り入れをして不動産を購入するよりも、できれば現金で購入できる範囲での投資、それが難しければ投資額が小さい不動産から始めた方がよい。その場合、中古のアパートや戸建て、マンションなどの区分所有となるが、特に中古の不動産は修繕費がかさみ、購入後の経費が負担となる。

これまで取材してきた家主の中には、比較的値段の安い中古不動産を購入して家主業の実績をつくり、何棟か購入した後にその一部を売却し、その売却資金を原資に新築を購入するという流れで資産を拡大してきた人が少なくない。特に地方都市は土地代も安いことから、新築に移行しやすい。

ここで一つ留意しておきたいのは、金融機関は売却を前提で融資しているわけではないということだ。本書でも何度か書いてきたが、金融機関は不動産「投資」に融資をしているわけではなく、不動産賃貸「事業」に融資しているからだ。そのため、売却するときは金融機関に理由をきちんと説明することが重要になってくる。金融機関の担当者が融資をするために少なからず努力した経緯があり、貸付残高も減ることになるため、担当者としてはもろ手を挙げて歓迎できるものではないだろう。事業を展開するということは、取引先との関係性を重視することでもあることは押さえておきたい。

富山県で「サンデー毎日倶楽部」という家主の会を主宰する吉川英一さんは、株式投資でつくった資金を元手に中古アパートを購入し、一部を売却して新築にシフトした。

吉川さんのこだわりは、土地を現金で購入し、建物は元金均等返済で融資を受けて建てるという方式だ。都市部と比較すると、土地が安い富山だからこそ、現金での購入は比較的しやすいが、ポイントは元金均等返済で融資を受けているところだろう。元金均等返済は本章第5条でも説明したが、返済する「元金」が借入期間中は一定で、最初は残高が大きいため利息も多く返済が厳しいが、返済が進むのが早いため、次の融資を受けやすいというメリットがある。売却する際も残債が少ないため、売却後に利益を取ることができ、次に買い換える不動産を購入しやすくなる。

家賃は、土地の価格ほど大きな差はないので、その分相対的に利回りが高くなる富山のような地方都市だからこそ可能な拡大方法ではある。地方都市には、富山に限らず、こうしたエリアがあるので狙い目かもしれない。

問題は売りたいときに売れるかということだ。不動産売却のポイントは主に3つある。

❶不動産会社
❷タイミング
❸情報提供

順を追って説明しよう。

不動産会社、営業マンの「売る力」の見極め方

❶の不動産会社については、なるべく希望に近い条件で売ってくれる力のある不動産会社に出合えるどうかが大きなポイントとなる。高く、しかもすぐに購入してくれる人脈やノウハウを持ち、実績がある不動産会社や営業担当者を探し出すことがカギを握る。

売る家主側も、売り出す不動産の修繕履歴や特徴に関する情報を十分に提供する必要がある。高めの売却金額を設定する際、設備の交換や修繕費用などに、どれだけの金額を投じているかがわかれば、価格の根拠を購入希望者に説明できるからだ。

では、どのようにして希望に近い条件で売却できる不動産会社を探せばいいのだろうか。管理を

任せている不動産会社で売却実績があれば、管理会社に任せる方法がある。

委託している管理会社に売買実績があるかどうかを知るためには、まず収益物件の販売件数や売上高が全体のどの程度を占めているのかを質問してみる。ただし、質問をするときはあからさまに売却したいという話で相談しない方がいいようだ。明確に売る意思があるのを悟られると、断りづらい状況に持っていかれる可能性もあるからだ。参考として、売買実績や所有物件の予想価格などを質問し、担当者が誠実なのか、信頼して依頼できる相手なのかを判断する。

不動産購入で取引がある不動産会社に依頼するという方法もある。複数社あれば、それぞれに査定してもらい、最も良い条件を出す会社に依頼する。

その他、大手不動産会社に依頼するという方法もある。大手の場合は、売主と買主両方から手数料を獲得するという姿勢を徹底している会社もあるので、「期限を設けている」という家主もいる。

東京都内に53戸所有する畑昭さんは、東京郊外にあるRC造マンションを売却して、現在新宿で運営しているアパートメントホテルの建築費に充てた。マンション売却に当たっては、大手不動産会社4社に査定を依頼し、最終的に最も高い査定を出した会社に依頼した。その際に「3週間以内に売却相手を見つけられなければ、募集範囲を他社にも依頼する」という条件を付けて依頼したという。

依頼後、2週間は決まる気配がなかったため、発破をかけた結果、3週目に購入希望者の紹介を受けた。最終的には購入希望者の融資が決まるのを待ち、5週間ほどで売却を完了したという。

どの会社に依頼するかは、それぞれ問い合わせながら、同時に自分で情報を集めることが重要だ。最終的に依頼する不動産会社を2、3社に絞り、査定書をもらう流れになるが、「今すぐではない」「他にも査定を依頼している」などと告げれば、結果として依頼しない場合に断りやすい状況をつくりやすい。

購入希望者の「買いたい」気持ちにどう火をつけるか

❷のタイミングについては、売却までの期間はもちろんのこと、価格にも大きく影響するので重要だ。チェックするポイントは融資の環境だ。特にアパートや賃貸マンションなどの集合住宅になると、価格も高くなり、誰もが必ず融資を引けるわけではない。融資が厳しい状況では売りに出しても引き合い数は少ないだろう。

一方、区分マンションの場合はそれほど金額が高くないため、融資環境の影響を受けにくい。そのため、売るタイミングは景気がポイントとなる。日々の株価をチェックして、右肩上がりで推移している状況にあれば、景気が良くなり、不動産を購入する人が増えるという予測を立てることができる。景気の動向についてもチェックが必要だ。売るときにあまり焦ると足元を見られる。価格交渉で、なるべく値下げすることなく交渉に当たることができる余裕もポイントのようだ。

❸の情報提供については、売却後のトラブルを防止するためにも重要だ。具体的には、購入希望者に、修繕履歴や付帯設備などの情報をもれなく伝えるように不動産会社に念押ししておく。

例えば、ある家主は太陽光発電パネルが設置されている賃貸住宅を売却したが、購入した新しい家主が接続を申し込んだところ、出力制御対応機器を設置しなければならない義務があることが判明。「そんな話は不動産会社から聞いていなかった」とクレームになり、その設置代を売却した家主が負担したという。この義務化は、前の家主が設置したときにはなく、後でできた制度だったのだ。こうした経験から、以降、建物に対して行った工事履歴や修繕記録など、物件に関する一つ一つの情報を詳細に購入希望者に伝えてもらうよう、不動産会社の担当者に徹底しているという。

売却については、以上のようなことが主なポイントとなる。

ただ収益不動産の場合、購入希望者がいても、結局はその購入希望者に融資が出るかどうかがカギを握る。スルガ銀行の不正発覚以降、融資環境が厳しくなっているため、実際、売買取引は成立しにくくなっている。不動産が高騰しているため、その傾向は強まっている。

しかし、それでも全く取引が成立しないわけではないし、不動産価格が下がれば、当然、買い手のハードルも下がる。売りやすくなる状況は、また訪れるだろう。読者の多くは、まず、これから不動産を購入しようという人が多いだろうが、売る側の状況や考え方、その方法論を知ることは、買う側にとっても有益なはずだ。

賃貸住宅経営編［その5］

第11条

家主業 投資ではなく 事業なり

「最初の物件は現金で購入」を勧める理由

本書では一貫して、不動産による資産形成について、「投資」ではなく「事業」だと伝えてきた。だが、大半の人が「年金代わり」、あるいは不動産会社の営業マンの典型的なセールストーク「所得税の減税になる」という位置付けで始めるため、勘違いしてしまうのだ。

その典型が区分マンション投資だろう。区分マンション投資は、1000万円前後から2000万円程度で購入できるものが多く融資も受けやすい。

自己資金ゼロで始めると、入居者がいる状況でも家賃だけでは返済がまかなえず、自身の預金からの補填が必要なケースが目立つ。物件にもよるが、その額は月々5000～1万円程度、その補填額こそ「年金の保険料みたいなものだと思ってください」と営業マンから説明を受け、ローン完済後には家賃収入はすべて自分のものになり、月々の5000～1万円程度で35年後には

1000万円以上の不動産が手に入ると思ってしまうわけだ。

しかし、冷静に考えてみてほしい。まず、入居者がいる場合でも自己資金を継続してつぎ込まなくてはいけないのに、空室期間中はどうなるのか。都内で家賃が7万~8万円台の物件を買ったとすると、その家賃をさらに自己負担しなくてはいけない。しかも、区分マンション販売会社が提示する表面利回りは、たいてい家賃の減額が加味されていないので、ローンが35年で組めたとしても、その間どれだけ家賃は下がるのだろうか。基本的に不動産は築年数が古くなると家賃は下がるが、月々の返済額は減ることはない。それどころか、減価償却費が減り、元金の割合が増えれば、税額は増えるのだ。

表面利回りには原状回復費用も含まれていない。第9条の「民法改正」のところでも説明したように、入居者による破損や故障以外の原状回復費用は家主の負担となる。原状回復費用は、通常家賃の1~3カ月分程度かかる。

もちろん、サブリースを条件とした物件も少なくない。サブリースなら、空室の心配がなく家賃が安定的に入ってくるので安心だと思うかもしれないが、実際はそうではないことも本書では書いてきた。サブリースであっても、基本的に原状回復費用は家主が負担するし、経年による家賃の値下げは免れない。サブリース契約自体を解約される可能性も十分ある。

家賃の値下げは、リフォームやリノベーションで食い止めることができるかもしれない。ただ、そもその費用はどこから捻出するのだろうか。家賃収入でプラスどころか常にマイナスであるのに、リフォームやリノベーションをするとなると、さらなる投資費用が必要になる。

誤解をしてほしくないが、区分マンション投資を否定するわけではない。むしろ、最初に賃貸経営するのであれば、まずは中古区分マンションから始めた方が無難だと本書前半でも書いている。ただし、最初は現金で購入することが重要だ。小規模の不動産を現金で購入し、賃貸経営のイロハのイをまず知る。もちろん区分マンションだけでは、アパートや一棟マンションの経営・管理とは異なるので、家主業のすべてを学ぶことができるわけではない。だが、入居者募集や不動産会社との関係の構築、入退去時の対応などは経験できるし、何よりも資産形成という点において、よほど利回りが低い不動産でなければプラスになる。

「物件は現金で購入」を原則とする家主たちに学ぶ

「あの時、不動産投資をしていなかったら、私たち親子はどうなっていたかしら」

２００６年に不動産投資を始めたときのことを振り返るのは、埼玉県の黄金しょうこさんだ。不動産投資を始める5年前に、夫を不治の病が襲った。そのため、車を売却したり、預金を切り崩して生活する日々が続いていた。そんな状況を打破したのが、不動産投資だったという。

区分と戸建てを合わせて20戸ほどを所有する。しかも、全物件無借金だ。今は、戸建てを中心に投資している。アパートと違い、共用部の清掃は不要、売るときは投資家だけでなく実需の人も買うため、希望の価格でサッと売りやすいことが理由だという。「安い戸建てを現金で買って貸す。数年貸したら古くなりすぎて建て替えになる前に、つまり家が使えるうちに実需の人に売る。そんな感じでやっています」と話す。

黄金さんが購入するのは、自宅のある埼玉県川口市から1時間程度で移動可能なエリアで、購入価格は220万～500万円前後を目安とする。立地は、主婦目線で住みやすいかどうか。駅からの利便性よりも、スーパーや病院が近くにあるかといった点を重視しているという。土地は15坪程度の小さいもので、建売業者が手を付けないような広さをターゲットとしている。敷地が狭くても角地や日当たりが良い場所かどうかに着目。駐車場はないが、これまで購入した物件ではあまり影響がないという。建築面積で44～50㎡ほどの小ぶりな戸建てだ。

それでも、敷金1カ月礼金ゼロ、ペットは敷金2カ月となるが飼育可とし、入居条件を低く設定しているので、入居者は割とすぐに決まるという。

「利回りはあまり考えずに購入します。それでも価格が安いので、表面利回りで大体12％はいきますね。お金が500万円ほど貯まったら、また新規で購入するというスタンスです」と話す黄金さん。各物件の平均賃料は平均6万円で、毎月80万円強の手取り収入がある。

一方、区分マンションを現金で購入して、給与収入を得ながらコツコツと資産形成をしてきたのは芦沢晃さんだ。24年間かけて東京近郊に区分マンションを買い進め、現在57戸を所有している。当初こそ融資を引いて購入してきたが、3戸目からは現金で購入しており、現在は無借金で年間2800万円（管理費・修繕積立金控除後）の家賃収入がある。

「給料以外の収入があったおかげで、母の介護にもお金をかけることができた」と話す芦沢さん。今は、規模拡大にはこだわらず、現金を準備しておき、良い物件情報が入ったときのみ購入している。

大手電気メーカーでエンジニアとしてサラリーマンを定年の60歳まで続けてきた芦沢さんが、区分所有にこだわってきたのには理由がある。

区分マンションは建物の管理システムが付随して売買され、忙しいサラリーマンにとっては、専有部も自主管理、代行管理、サブリースと選択肢が広く、物件ごとに合った管理方法を選択できるため、都合がよかったのだ。

現金で買い進めてきたので、戸数を拡大するスピードは融資を引いて購入するよりも遅い。それでも芦沢さんが現金購入にこだわってきたのは、建物の減価償却残期間（実際の建物耐用年数より短い、銀行の融資年数基準）を気にせず、賃貸需要の高い立地に無借金で長く貸せる不動産を持つことができるからだという。

アパートや賃貸マンション一棟なら、共用部の修繕が発生した場合家主が全額を負担しなければならないが、区分投資なら共用部の修繕は所有者らとの折半だ。管理組合が保有する修繕積立金が十分に貯まっている物件は、その資金で建物共用部全体が長年修繕維持される。

ポイントは管理組合にどれだけ修繕積立金が確保されているか、購入前に調べておくことだろう。仮に区分マンション購入後すぐに屋上から雨漏りしたり、共用部のエレベーター、上下水道ポンプなどの設備が壊れてしまったりしたら、管理組合が修繕積立金をほとんど持ち合わせていなかった場合、所有者らが修繕積立金とは別に修理費を支払うか、修繕ができず建物が劣化し住めなくなるからだ。

修繕積立金の総額は、マンションごとにある「重要事項に係わる調査報告書」に記載されている。この「重要事項に係わる調査報告書」には、大規模修繕の過去の履歴や今後の計画、または、管理費・修繕積立金の今後の値上げ予定や滞納があればその金額なども記載されているので、購入する際には、修繕積立金について管理組合（建物管理会社）に必ず確認すべきだという。

借金は最強の味方にもなり、最強の敵にもなる

区分マンション投資の問題は、アパート、一棟マンション同様、自己資金ゼロで始めることにあるのだ。特に融資環境が厳しいときは、アパートや一棟マンションの場合、自己資金ゼロで購入することは難しいため、ある意味歯止めが利く。しかし、区分マンション投資は融資が厳しい時代で

も、サラリーマンとしての年収が安定していれば、審査は通りやすい。最近では、自己資金なしで45年ローンの商品なども出てきた。39歳までは45年でローンが組めて団体信用生命保険付きだ。ローン期間が長ければ、月々の返済額が減るため、より返済しやすいということなのだろうが、45年後の完済時には当人は84歳となる。区分マンション投資の目的は、自身の年金代わりというよりも、もはや相続対策かといった状況となる。

区分マンションを自己資金なしで購入しても、ローン完済まで持ち続けることができず、最後は損切り覚悟で売却する人は少なくない。某区分マンション投資販売会社大手では、管理戸数がほとんど増えないと聞いたことがある。その理由は、オーナーが売却するからだという。もちろん、よほど安い物件だったり、立地が良く、不動産相場の上下する波の上のところで売却するのであれば、マイナスにならない可能性もあるが、そんなケースはほんの一握りだろう。大体不動産の景気の波は15年周期といわれているが、この15年間持ち続けられるかといえば、そう簡単なことではないだろう。

私の身近な人にも、最近中古区分マンションを購入した人がいる。もともと投資に関心がある人で、株式投資もしている人だ。諸費用のみ自己資金で、購入費用はフルローン、投資対象は、都心の一等立地に立つ築30年超えのマンションだ。「都心の好立地であれば資産価値は下がらない」という触れ込みで購入を決意したという。

購入費用は2000万円ほどで、融資は信販系金融機関から金利2%ほどで受けた。その人の話ぶりから、自己資金をつぎ込んでいないため、2000万円の借り入れをしている感覚が薄いと感じた。もちろん、その人に限らず、近年、自己資金ゼロで不動産を購入し、窮地に立たされたという人たちに何人か会ったが、借金額の重みをあまり感じていないように見えた。自己資金ゼロ投資には、こうした借金の不安を消す「マジック」がある。

「かぼちゃの馬車」オーナー50人ほどの相談を受けたというファイナンシャルプランナーは、相談者の8割がすでに賃貸用不動産を所有、その6割ほどは自宅とは別に区分マンションを所有している人だったという。「相談者にはすでに賃貸不動産を所有しているのに、不動産のことを何も知らない人が多かった」と、そのファイナンシャルプランナーは話してくれた。

区分マンションだけでなく、もっと投資金額が大きいアパートやマンション一棟を購入するときは、なおさらその点を意識しないといけない。融資が引き締まって嘆く声を多く聞くが、本来買ってはいけない人、つまり不動産を買った後、明らかに苦労することがわかる人に融資をしないという点においては、ある意味セーフティーネットになって、良い状況ではないだろうか。

経営にはリスクが付きもの。借金が少なければ少ないほど、破綻リスクは軽減される。リスクを軽減する知識や経営者としての意識、さらにはリスクに打ち勝つ覚悟を持たずにチャレンジをすると、痛い目に遭う確率は高くなることを知っておくべきだろう。

賃貸住宅経営編［その6］

第12条

人生に　幸せもたらす　家主業

ユニークなコンセプトの賃貸住宅で人生が豊かに

収益不動産はお金を稼ぐ箱として注目されているが、得られるものはお金だけではない。家主業でプライスレスな幸せを感じている人たちが増えている。

50歳直前までサラリーマンとして働き、２００７年から不動産を購入し始め、今や１２６戸の賃貸住宅と、太陽光発電、ロードサイド店舗、海外不動産を所有する東京都荒川区の夏山栄敏さんは、「賃貸経営のおかげで人生が豊かになった」と笑顔で話す。そんな夏山さんが今最も楽しみながら取り組んでいるのが、築50年のアパートを食事付き賃貸住宅として再生した建物の運営だ。

２棟20戸からなるこの賃貸住宅のユニークな点は、管理人でもあり、料理人でもある夫婦が建物内に住み、共用リビングで食事を提供することにある。

朝食２００円、夕食５００円という安価ながら、平日に提供するメニューは毎日異なる。店で食べたら通常1000円ほどかかる料理が500円で食べられる環境は、一人暮らしの入居者にとってうれしいサービスだろう。しかも最近は、神奈川県・平塚漁港の漁師さんから月に1度は朝獲れの魚を直に仕入れている。その新鮮な魚は、晩御飯に刺し身の盛り合わせとして提供されるという。基本的に予約制で、入居者は朝食の場合、前日の正午まで、夕食の場合は当日の正午までに連絡する。夕食の提供時間は午後9時までだが、間に合わない場合はお弁当にして取り置きしているという。料理するのは、夏山さんの義妹夫婦だ。彼らは入居者たちの親のような存在で、元日本料理の料理人だけあって、味は折り紙付きだ。

運営は2019年にスタート、家賃は4万9000~5万4000円とした。実は当初募集には苦労した。地元の不動産会社に募集を頼んだが、食事付きであることや、各戸は14~15㎡と狭小であるものの、共用リビングや庭にバーベキュー用のかまどがある点などの魅力が全く理解されなかった。揚げ句に「もっと家賃を下げた方が決まりますよ」と言われる始末。20戸ある部屋はなかなか決まらなかったという。

だが、シェアハウス専門WEBメディアを運営するひつじインキュベーション・スクエアの北川大祐社長に出会ったことがきっかけで、2月下旬からシェア生活情報サイトの「ひつじ不動産」で募集を始めたところ、次々と入居者が決まり始め2カ月後には満室になった。

「こういう建物は面白い人が入ってくるし、楽しいね」と語る夏山さん。入居者と共にバーベキューをしたり、たこ焼きパーティーをしたり、今ではバーベキューインストラクターの資格まで取得したほど。入居者との交流について話す夏山さんの生き生きとした表情はとても印象的だ。

移住、二地域居住の拠点として地域を活性化

東京から車で90分ほどの距離にある千葉県館山市に、今注目されている賃貸マンションがある。住居の他に、ゲストルーム、DIYレンタルガレージ、共有ラウンジ&キッチンがある「ミナトバラックス」だ。移住や二地域居住を考える人を対象としたこの建物のオーナーは、自身もこの地に魅了され移住した漆原秀さん。2017年4月にオープンし、住人同士のコミュニティから地域のコミュニティ形成へと、活動の舞台を拡大させつつある。

「ナスを知り合いにたくさんいただいたから一緒に食べませんか」
「バジルが育ったから、みんなで食べられる料理を作ろうと思うのですが、一緒にいかがですか」
「ミナトバラックス」には、かつて日本のご近所付き合いでよく交わされていた会話が行き交う。14戸ある賃貸マンションの住人たちは仲が良く、月に2、3回のペースで共有ラウンジに集まり食卓を囲むのだという。漆原家の子供は1人だが、交流の多い住人たちとは、まるで家族のようだ。

漆原さんは2016年、46歳の時に都内から館山に移住した。同マンションの隣地に立つ戸建てに住んでいる。もともとIT関連企業に勤めていたが、多忙な毎日に追われ、仕事のストレスから

パニック障害に陥った。「当時、子どもがまだ2歳と、大事な時期で、自分の健康のためにも、会社に雇われない生き方をもう一度考えないといけない」と思ったという。

そのことをきっかけに不動産を取得し家主業をスタート。会社へは毎日出勤するのではなく、週に2日出勤するという働き方に転向した。

「ミナトバラックス」として経営している当時築38年の元官舎を取得したのは、2016年8月。もともと所有していたアパートの隣地に立っていた。「落札したら自主管理で賃貸経営をして、リノベーションをかけてDIYし放題の空間にしたい」と考えていた。「人が集まるデュアルライフ(二地域居住)の拠点」をコンセプトにリノベーションし、募集をした。現在入居している住人は、地元の知人の紹介やFacebookなどで知り合いになった人たちで、子育てファミリーやカップル、単身者が混在する。

住人同士が集まることはもちろん、住人の知人・友人を中心に住人以外の人にも声をかけて、オープン1年目からイベントも実施。祭りでは流しそうめんやかき氷でもてなし、正月には餅つきも行って、30人ほどが集まった。

自身を「マイクロデベロッパー」と呼ぶ漆原さんは「ミナトバラックス」を起点に何度も足を運びたくなるように館山を盛り上げたいと考えている。

2019年には長く地域に愛された診療所及び院長の自宅を譲ってもらい、18名定員のゲストハウス「tu.ne.Hostel（ツネホステル）」として改装しオープン。その裏庭には小さな公園も設けた。館山にいる人、館山に来る人、その両者が利用できて、交流できる場を目指している。

家主業で理想のライフスタイルを手に入れる

息子と一緒に仕事ができるなんて幸せだ――。こう話すのは、「不動産イベント倶楽部」や「居酒屋セミナー」を主宰する福岡県宗像市の赤尾宣幸さん。22年前は、自称「窓際サラリーマン」として悶々とした日々を送っていたという。自分の能力を生かしたい、将来が不安な年金に頼らなくて済むようにしたいと思い、目を付けたのが家主業だった。

１９９１年に区分マンションを買い、その後賃貸にして家主業の魅力を知り、１９９８年から、3年続けて毎年1戸ずつ競売で区分マンションを購入。競売で区分マンションを買ってみると室内は荒れていてひどい状況だったが、資金がなかったため、自分でリフォームした。その結果、月に20万円を超える家賃収入が確保できた。取得した競売物件は利回り20％を余裕で超えていた。

そのころ、福岡市では新築物件がどんどん供給されるようになり、こんな勢いで物件が増えれば、供給過剰でやがて家がだぶつくのではないか。競争が始まればサラリーマン家主は厳しくなるだろう。そう考え、年金分は確保できたので様子を見ることにした。

奥さんから「介護の仕事がしたい」という話があり、２００３年に介護事業（デイサービス）を立ち上げ、計画通りに成功。ダブルワークの過労で兼業が難しくなり翌年に勤めていた会社を退職した。その後、住まいに困る高齢者を目の当たりに見て、悩み抜いた末に「高齢者向きアパート」を考案。2棟16室のアパートを購入した。現在25戸を所有している。

お金のためだったＤＩＹは、友達の物件を手伝い経験を積み、仲間と一緒に楽しむようになった。その輪を広げようとＤＩＹを楽しむ会を設立。「息子もＤＩＹを手伝ってくれるようになり、一緒に楽しみながら親子で会話し、自分の生き様や考えを自然に伝えることができたと思う。入居者目線のＤＩＹが長期入居につながったのか、退去は年に1回くらいで、幸せな『楽ちん大家』だ」と赤尾さんは話す。

家主業で実現させたソプラノ歌手の夢

秋田県秋田市のソプラノ歌手・菅原久美子さんは、声楽家を続けるために家主になった。

２００６年からアパートの取得を始め、34戸所有し利回りは20％を実現。収益性を高めるために手間のかからない原状回復工事やクリーニングは自分で行う。しかも「独学ではうまくいかない。基礎がしっかりしていないと」と考え、職業訓練校に通ったほどの徹底ぶりだ。リフォーム費用は約半分に抑えている上に、人口減少で空室率が上昇している秋田でほぼ満室稼働を実現している。

賃貸経営を本格的に始めたきっかけは、あるテレビ番組に出演していた、ハリウッドで活躍する日本人女優の工藤夕貴さんの話だったという。

「ハリウッドで女優を続けるためにはレッスンなどを受ける資金が必要で、現地で不動産を売買して資金を調達していたようだ。その話を聞いて、芸事をやっている人間も不動産に投資をしていいのだと思った」と菅原さん。

音楽科を卒業してソプラノ歌手として活動を続けたいと考えていたが、リサイタルを開くにも資金が必要なため、仲間でも諦める人が多かった。そんな中、賃貸住宅経営という新たな収入源を得てリサイタルを開く夢を実現できたというわけだ。

介護事業者と連携した「福祉アパート」で社会貢献

鈴木かずやさんはサラリーマンの傍ら、茨城県内で4棟の賃貸住宅を経営する。空室率40％超という地域で、利回り30％を超える満室経営を続けている。そんな鈴木さんが運営しているのは、「福祉アパート」だ。

2014年に茨城県内で、まず300万円の戸建てを購入し、2016年にはアパートを購入したが、購入前から空室率が高いエリアのため、普通にやってもなかなかうまくはいかないだろうと考え、当初は「高齢者向きアパート」というコンセプトで募集した。

「高齢者向きアパート」とは、要介護認定を受け介護サービスを利用している人が主な入居者で、家主はその地域の介護事業者と連携し、一人暮らしをしたい入居者がいたら、その受け入れ先として提供する賃貸住宅だ。支援を受けているといっても、老人ホーム等で行われている手厚いケアを必要としない自立した生活が可能な高齢者が、一人暮らしをしたいと思っても、単身高齢者はNGというアパートが多い。そこに、隠れた需要が存在する。

こんなコンセプトの賃貸住宅を経営するきっかけとなったのは、懇親会のビンゴ大会で当たった一冊の本だった。その本は、前出の家主で介護事業にも精通していた赤尾宣幸さんが書いた『「小規模介護事業」の経営がわかる本』（セルバ出版）。中小企業庁が運営する「ミラサポ※」というサイトを利用して、著者の赤尾さんに25時間のコンサルティングを依頼し、介護業界の仕組みから物件の選び方まで、さまざまなことを教えてもらったという。

まず、入居者を確保するために、地域のケアマネージャーを訪問。ケアマネージャーとは、介護や支援を必要とする人が、介護保険制度を利用して自立した生活を送れるようサポートする仕事に従事する人たちだ。具体的には、高齢者一人ひとりにどんなサービスが必要か、そのニーズを把握してケアプランを作成し、適切なサービスを受けられるように自治体や各事業者に依頼する役割を担う。このケアマネージャーから、一人暮らしをしたい高齢者を紹介してもらえるよう関係づくりから始めたという。

福祉事務所のソーシャルワーカーや、市町村の地域包括支援センターなどを訪問したが、最初はなかなか理解してもらえなかった。「一人暮らしを希望している高齢者を紹介してほしい」と言いながら、肝心のアパートはまだ所有していなかったため、貧困ビジネスを狙った詐欺師ではないか、と怪しまれたりもした。

それでも諦めずに訪問を続けていたところ、80カ所を過ぎた頃から、少しずつ話に耳を傾けてくれる人が現れるようになり、118軒目に訪ねた障がい者の就労支援事業所の社長に「そういう住まいがあるのは頼もしい」と言ってもらえるほどになった。ここまで来るのにおよそ半年かかったが、その時は感激したという。実際に見込み客が集まり始めたところでアパートを探し始めた。

高齢者や障がい者の世話はヘルパーが担当するため、電球が切れたなど困ったことがあっても、たいていのことは入居者と介護事業者との間で解決できるので、家主の管理負担は当初想定していたよりも少なく、自主管理をする上で覚悟していた深夜の呼び出しや、クレームのようなものは年に一度程度だそうだ。建物自体は普通の1Kのアパートだ。

高齢者の住む部屋だけ、断熱材を増やしたり、玄関や部屋の中の転倒の危険がある場所に手すりを取り付けるなど、細かいリフォームを施してもいる。

「『高齢者向きアパート』は高齢者が住むが、同時に、介護や支援で苦労している家族やスタッフたちを助ける意味も持つ。途中で投げ出したくなったこともあったが、首の皮一枚のところで、苦労の多い支援者を助けるアパートをつくりたいという気持ちが強まり、絶対に形にしようと決めた」と鈴木さんは語っている。

今では対象を高齢者だけでなく、障がい者など住宅確保要配慮者にまで拡大。4棟の福祉アパートを運営する。賃貸住宅に住む高齢入居者世帯が増える中で、やりがいと使命感を感じているという。

自身の夢を実現したり、入居者との交流を楽しんだり、社会貢献にやりがいを感じたり、地域活性化に面白さを見出したり、サラリーマン生活ではなかなか実現できないライフスタイルを楽しんでいる人たちがいる。

自身の知恵や工夫次第で、お金を稼ぎながら、お金では買えない喜びややりがいを感じられる経験ができるのも、家主業の醍醐味といえそうだ。

※ミラサポとは、公的機関の支援情報・支援施策（補助金・助成金など）の情報提供や、経営の悩みに対する先輩経営者や専門家との情報交換の場を提供する、中小企業・小規模事業者の未来を支援するサイト。

所在地	名称	代表者
長野県	長野賃貸オーナー井戸端ミーティング	石黒ちとせオーナー
	http://ad-ishiguro.com/hikariheights/	
福井県	福井大家塾	杉田佳信オーナー
	https://ja-jp.facebook.com/fukuiooyazyuku/	
福井県	福井実践する大家の会	山口智輝代表
	https://www.fukuiooya.com/	
静岡県	浜松大家塾	星野俊定代表
	http://www.seiya-mg.jp/category/1325305.html	
愛知県	大家になる会	成田勉オーナー
	http://ooyaninaru.jp/	
愛知県	しあわせ大家の会	前野君勝オーナー
	http://fudosan-nagoya.main.jp/index.php?MemberGuide	
愛知県	東海大家の会	加藤至貴オーナー、村松茂正オーナー
	https://tokai-ooya.net/	
愛知県	名古屋大家塾	石黒博章オーナー
	https://www.o-yajuku.com/	
愛知県	成長する大家の会	松久保正義オーナー
	http://seichou-ooyanokai.com/	
岐阜県	美濃大家の会	佐藤光久オーナー
	http://mino-ooya.com/	
三重県	三重大家さんの会	柳下直輝オーナー
	http://mieooya.com/	
滋賀県	滋賀がんばる大家の会	谷崇史オーナー
	http://shigaganbaruooya.blog.fc2.com/	
大阪府	おおや倶楽部	糸川康雄オーナー
	http://www.ikujyu.com/	
大阪府	大家さん学びの会®関西	叶温オーナー
	http://www.ooya-manabi-kansai.com/	
大阪府	関西大家の会	松田英明オーナー
	https://kansai-ooya.jimdo.com	
大阪府	がんばる家主の会	松浦昭オーナー
	https://ganbaru-yanushi.net/	
大阪府	喜ばれる大家の会	力石圭司オーナー
	https://yorokobareru-ooya.jimdo.com/	
兵庫県	白ゆり大家の会	福丸利律子オーナー
	https://www.atelierhouse.co.jp/	
広島県	広島大家塾	横山顕吾オーナー
	http://hiroshimaooya.jp/	
福岡県	オーナー井戸端ミーティング	吉原勝己オーナー
	http://www.tenjinpark.com/oim/	
福岡県	九州大家の会	小場三代オーナー
	https://ja-jp.facebook.com/kyushuooyanokai/	

全国の主な家主の会

所在地	名称	代表者
北海道	旭川大家塾 http://asahikawa-ooyajuku.com/	左京博志オーナー
北海道	大家さん学びの会®札幌 http://ooya-manabi-sapporo.com/	川上貴史オーナー
北海道	道東大家塾 http://doutou-ooyajuku.com/	阿部勝利オーナー
北海道	二代目大家塾® https://www.gw-sapporo.com/	米生啓子オーナー
北海道	北海道大家塾 https://www.hokkaido-ooyajuku.com/	原田哲也オーナー
岩手県	大家さん学びの会®いわて http://iwate-ooyasan.com/	須川達郎代表
宮城県	仙台大家の会 http://sendai08kai.seesaa.net/	菅原貴博オーナー
群馬県	北関東大家の会 https://kitakanto-ooya.jp/	大城幸重オーナー
茨城県	いばら喜大家の会 https://ibarakiooya-club.jimdo.com/	柴山修オーナー
栃木県	とちぎ大家の会 https://heartentrance.com/owner	村田桂子オーナー
埼玉県	越谷大家塾 https://koshigayaoya.com/	井上嵩久オーナー
千葉県	浦安大家塾 http://www.ooyajuku.jp/	谷本真オーナー
千葉県	千葉大家倶楽部 https://peraichi.com/landing_pages/view/jjxgq	北嶋勇次オーナー
東京都	アジア太平洋大家の会 https://asia-pacific.tv/	鈴木学オーナー
東京都	内本塾 https://ameblo.jp/uchimoto1/entry-11536351924.html	内本智子オーナー
東京都	エレガントオーナーズ https://elegant-owners.jimdo.com/	五十嵐未帆オーナー
東京都	行動する大家さんの会(AOA) http://www.o83nokai.org/	廣田裕司オーナー
東京都	賃貸UP-DATE実行委員会 https://koshimizutakahiro.com/up-date/	越水隆裕オーナー
東京都	東京築古組 https://www.facebook.com/chikufuru	川村龍平オーナー
東京都	東京調布大家の会 https://tokyochofu-ooyanokai.com/	海野真也オーナー
東京都	日本不動産経営協会(JRMA) https://jrma.net/	佐藤哲夫オーナー
東京都	ふどうさんぽ http://fudousanpo.com/	御井屋蒼大オーナー
東京都	大家さん学びの会®東京 https://ooya-manabi.com/	水澤健一オーナー

ご協力いただいた家主・専門家の方々（本文登場順）

高田修さん（神奈川県）　大学卒業後、度重なる転職、会社倒産によるリストラ、妻がひき逃げされるなど、災難続きだった。だが、50歳からアパート経営を開始。現在は、現役の警備員として警備会社に勤める傍ら、賃貸経営を行う。著書に『警備員の山田さんが4年で1億8000万円の資産を築いたヒミツ』（すばる舎）がある。

松田英明さん（大阪府）　家主の会「関西大家の会」代表。大阪、京都、札幌に約200戸の賃貸住宅を所有。サラリーマン時代の2006年、不動産賃貸業をスタート。2008年に退職し、専業家主になる。翌年、「関西大家の会」を発足する。理系頭脳でデータ分析を駆使した緻密な賃貸経営が強み。

天野真吾さん（東京都、福岡県他多拠点居住）　「湘南再生大家さん」の愛称を持つ賃貸住宅約200戸のほかホテルを所有するハイブリッド家主。ＩＴ企業に勤めていた2008年に不動産投資をスタート。空室の多い物件など、ワケあり物件を購入・再生する手法で規模を拡大。46歳で会社を退職し、独立。「健美家」コラムニスト。著書に『3年で年収1億円を稼ぐ「再生」不動産投資』（ぱる出版）。

多喜裕介さん（富山県）　不動産投資勉強会「ビリオネアクラブ」北陸支部長。サラリーマン時代の2014年、不動産賃貸業をスタート。約90戸所有。著書に『田舎大家流不動産投資術――たった3年で家賃年収4700万円を達成した私の成功法則』（合同フォレスト）、『田舎大家流「新築×ＩｏＴ」不動産投資術――新築アパートはスマートホームで成功する！』（セルバ出版）がある。

石黒博章さん（愛知県）　名古屋大家塾の塾長。現在、会員600人を超える同会を2005年に発足した。翌年、会社勤めをしながら区分マンションを購入したことをきっかけに、不動産賃貸業を開始。愛知、岐阜、三重に200戸を所有し、入居率20％だった物件を満室にする経営力で安定経営を実現している。

小笠原淳さん（岩手県）　2013年、リフォーム会社の営業マン時代に、1棟目の不動産を取得。翌年退職し、リフォーム会社を設立する。以後、会社経営の傍ら賃貸経営を行う。築年数の古い物件を購入し、強みである独自のリノベーションで再生。近年は新築物件も増やしている。岩手、秋田を中心に約300戸を所有する。

渡辺よしゆきさん（東京都）　２００７年、競売で戸建てを落札し不動産賃貸業を開始。２０１０年に廃墟寸前のアパートを現金で購入、その後の悲喜こもごもを書いた『新米大家VSおんぼろアパート〝赤鬼荘〟――満室までの涙の２４０日』（ごま書房新社）を上梓。２０１１年、仲間と「行動する大家さんの会（ＡＯＡ）」を発足。２０１４年に株式会社みまもルーム設立、代表取締役就任。

松本昇さん（岩手県）　２０１２年から賃貸経営をスタート。岩手県内に１００戸の賃貸住宅を所有する。当初は主に築年数の古い賃貸住宅を購入し、平均30～60％の高利回りで運営していたが、２０１６年から新築アパート・マンションも所有する。最近は沖縄県・石垣島の不動産取得にも注力中。「楽待不動産投資新聞」のコラムニストでもある。

赤井誠さん（神奈川県）　「あかちゃん」の愛称で知られる、サラリーマン出身家主の人気ブロガー。２００５年から不動産を取得。マンション、アパート、中古、新築、シェアハウス、さらに海外不動産、太陽光発電と、多様な物件を所有する。著書に『ゼロからの不動産投資』（すばる舎）、『めざせ！ 満室経営 本気ではじめる不動産投資』（すばる舎）などがある。

田中宏貴さん（埼玉県）　大手鉄道会社勤務だった２００５年から不動産賃貸業を開始。２０１６年に退職し、現在東京、千葉、埼玉、名古屋、札幌、広島、大阪などに約２５０戸の物件を所有。全物件ほぼ満室で10年以上運営を続けている。著書に『満室経営で〝資産10億円〟を目指す田中式〝エターナル投資術〟』（ごま書房新社）がある。

海野真也さん（東京都）　家主の会「東京調布大家の会」代表。銀行マン時代の融資の現場経験や知識を強みに、２０１０年から不動産を取得。1棟目の不動産を取得するまで、綿密な調査で物件を吟味した。東京、京都、福岡にマンションを64戸所有。不動産会社との関係性を重視し、遠隔地不動産についても定期的に管理会社と交流の場を設けている。

川村龍平さん（東京都）　銀行、外資証券会社で債券トレーダーとして勤務しながら、２００２年に渋谷に一棟ビルを購入し、サラリーマン家主としてスタート。以後、東京、川崎に賃貸住宅を約１００戸取得、徹底した自主管理にこだわる。２００５年に専業家主になる。セミナーでは「税引き後キャッシュフロー」を重視した賃貸経営を説く。東京築古組の代表も務める。

沢孝史さん（**静岡県**）　インカムゲインを目的としたサラリーマン出身不動産投資家の先駆け。損保会社に勤務後、一念発起でコンビニエンスストアの経営を始めるも、4カ月で廃業。1998年から不動産を取得し、賃貸業をスタート。年間の不動産収入は1億円を超える。『「お宝不動産」で金持ちになる！――サラリーマンでもできる不動産投資入門』（筑摩書房）をはじめ多数の著書がある。

菅井敏之さん（**東京都**）　元メガバンク支店長の家主で、お金の専門家としても活躍。48才のときに銀行を退職。2012年に東京の田園調布にカフェ「SUGER COFFEE」をオープン。資産形成のための銀行の活用法や住宅、賃貸経営のアドバイスなどについて全国で講演活動を行う。40万部を超えるベストセラー『お金が貯まるのは、どっち!?――お金に好かれる人、嫌われる人の法則』（アスコム）など多数の著書がある。

束田光陽さん（**千葉県**）　個人投資家、2002年に設立された「お金の教養」を身につけるためのマネースクール、ファイナンシャルアカデミー認定講師。26歳でサラリーマン生活に不安を感じ不動産投資を開始。2年間で6件の不動産物件を購入して34歳で2億円の資産を築き、現在、年間家賃収入は4000万円を超える。その実績と経験を基にした講演は受講生の評価が高い。

西野浩樹さん（**滋賀県**）　流通系会社に勤務している時、社宅について調査する中で富山市の地価の安さと家賃の高さの歪みに気づき、2007年に富山市内で賃貸経営をスタート。その後、新築を中心に物件を買い進める。2017年に退職し、専業家主になる。元金均等返済で融資を受けて購入するスタイルに特色がある。

外村真美さん（**北海道**）　大手化学メーカーの総合職として多忙な日々を過ごすが、祖母の他界を機に退職。企業広報を学ぶため札幌へ戻り、北海道大学大学院にて国際広報メディアを専攻。その後、祖父宅の今後を家族で相談し、2011年に不動産賃貸事業を行う株式会社ロワエールを設立し、27歳で代表取締役に就任。設立後、わずか4年で152戸を所有。

三本勝己さん（**東京都**）　税理士事務所、コンサルティング会社経営。本業の税務、財務知識を活かして、2009年よりアパート経営をスタート。多目的スペースのあるメゾネットハウスを新築したところから、趣味を楽しむ賃貸住宅に注目し、現在、大型水槽が置ける賃貸物件を「アクアハウス・プロジェクト」として進行中。

横田省造さん（**東京都**）　有限会社横田材木店代表取締役社長。昭和34年創業の横田材木店の2代目として材木販売のほか、新築・改築・リフォームなども手がけ、東武東上線の上福岡駅、ふじみ野駅、鶴瀬駅近くを中心に中古戸建て10棟を保有。材木店ならではの賃貸経営をしたいとの考えから、入居者自らＤＩＹしたいという希望をかなえることを特長の一つとしている。

久保田大介さん（**東京都**）　合同会社コンセプトエール・代表社員。有限会社ＰＭ工房社・代表取締役。コンセプト賃貸の新築やリノベーションのコンサルティングを柱に事業を展開している。２０１８年1月よりウェブマガジン「ワクワク賃貸®」の発行を開始し、遊び心のあるコンセプト賃貸住宅の紹介や、進行中のプロジェクトなどの情報発信もしている。

渡辺一男さん（**長野県**）　長野市内に約50戸を所有。サラリーマン時代に単身赴任を経験し、入居者目線で賃貸住宅の不便さを知る。２００６年に家業を継ぎ、単身赴任時代の経験を生かした入居者向けサービスを提供。広い敷地に6棟立っている利点を生かした脚立や自転車の空気入れなどを完備した共同物置、共有ベンチなどが好評で高稼働を実現している。

山岡清利さん（**北海道**）　夢だった北海道移住を実現するために２００２年に不動産賃貸業を開始。２００６年に起業したウェブ制作会社を売却し、翌年、北海道へ移住。現在は家主業の傍ら、不動産管理状況巡回報告サービス「報告ネット」（株式会社満室研究所）の運営を通じて、遠方の家主を支援。著書に『「遠方・地方・激戦区」でも満室大家になる方法』（ごま書房新社）がある。

菅原貴博さん（**宮城県**）　仙台大家の会の現地世話人。２００４年に不動産を取得し、賃貸業をスタート。しばらくサラリーマンの傍ら家主業を続け、２０１２年に専業家主になる。以後、宮城、岩手、山形に不動産を取得し、現在２７８戸を所有。管理会社と連携した堅実な賃貸経営で高稼働を実現している。

加藤芳雄さん（**愛知県**）　自動車部品メーカーのサラリーマン時代、父親が所有する土地に賃貸住宅を建て、46歳で賃貸経営を始める。所有する42戸は建築後、15年ほどは順調だったが、リーマン・ショックを機に、空室が16戸も発生。それを機に、管理会社の了承を得て、賃貸仲介会社へ広く募集することを決断。リフォームも行った結果、以後、満室を実現している。

小山力大さん（北海道）　大学卒業後、投資用マンション販売会社に就職した後、三代目家主として家業を継ぐ。引き継いだ不動産に限らず、自身でも積極的に新規で不動産を取得。サラリーマン時代の経験も生かし、管理会社やリフォーム会社と効率よく連携する方法で、空室期間の短縮化を実現している。

吉川英一さん（富山県）　サンデー毎日倶楽部を主宰。サラリーマンの傍ら株式投資で資産をつくる。２００１年にアパートを購入。以後、株で増やした資金で不動産に投資し安定収入を狙うという手法で資産を増やす。２００６年に退職。著書に『年収３６０万円から資産１億３０００万円を築く法』（ダイヤモンド社）など、不動産だけでなく株式投資の著書も多数ある。

畑昭さん（東京都）　２００１年に競売で区分マンションを取得したことをきっかけに、サラリーマン家主になる。２０１４年に退職し、翌年から民泊も実施。その後、宿泊事業に関心を持ち、自宅と所有していた一部の賃貸住宅を売却して、西新宿に自宅兼ホテルを新築。現在賃貸住宅53戸とホテル５室を運営している。

黄金しょうこさん（埼玉県）　夫が寝たきり状態になり、アルバイトをしながら介護をし、預金を切り崩す生活に不安を抱いていた。そんな２００６年、アパートを購入したことがきっかけで、不動産賃貸業を開始する。現金で購入できる戸建てやアパート、区分マンションを取得し、堅実に資産を増やしている。

芦沢晃さん（東京都）　住み替えにより、自宅マンションを賃貸に出したことをきっかけにサラリーマン家主になる。１９９５年から区分マンションを取得、専ら現金で購入し、24年間で57戸を取得。２０１８年に定年退職。現在も技術者として企業と個人契約を結んで働く。著書に『少額現金ではじめる！「中古１Ｒマンション」堅実投資術』（ごま書房新社）などがある。

夏山栄敏さん（東京都）　国内・国外の大手製薬企業の営業マンとして常にトップランクの成績を上げ、入社５年後に社費留学で米国ジョージワシントン大学経営大学院にてＭＢＡを取得。長年学んだランチェスター戦略を不動産経営で実戦応用し、10年で１２６戸取得。著書に『投資オンチでもできた弱者逆転の「ランチェスター式不動産投資成功術」』（セルバ出版）がある。

漆原秀さん（**千葉県**）　２００８年にアパートを取得したことがきっかけで不動産賃貸業を開始。その後、サラリーマン生活がストレスになり、パニック障害に。賃貸住宅を増やし、２０１６年に千葉県館山市の元官舎購入を機に、館山に移住。入居者同士や地域との交流を重視して運営。さらに、空き家になっていた診療所をゲストハウスとして再生し、運営している。

赤尾宣幸さん（**福岡県**）　不動産イベント倶楽部や居酒屋セミナー、ＤＩＹを楽しむ会、ＤＩＹを楽しむ大家の会、高齢者向きアパートの会を主宰。サラリーマン時代に競売物件を取得して以降、区分マンションを中心に賃貸住宅を増やし、25戸所有。ＤＩＹを強みに物件の差別化を図っている。共著書に『多世代居住で利回り30％！高齢者向きアパート経営法』（セルバ出版）。高齢者が安心して暮らせる住まいの普及に努力している。

菅原久美子さん（**秋田県**）「ソプラノ大家さん」の愛称で有名な女性家主。30歳の時に、夢だったオペラを学ぶことを決意し、声楽家となる。一方、声楽家として演奏活動を続けるための収入源として不動産賃貸業を始め、約3年でアパート34戸の家主となる。著書に『夢とお金をひきよせるソプラノ大家さん流アパート投資のヒミツ』（ごま書房新社）や『精密採点ＤＸ徹底攻略 カラオケ上達最強テクニック』（コスミック出版）などがある。

鈴木かずやさん（**茨城県**）　２０１４年に戸建てを購入し、不動産賃貸業をスタート。次にアパートを購入しようと探すも、地元茨城県の空室率が高かったため、差別化を図れる賃貸住宅として、前出の赤尾宣幸オーナーの提案で「高齢者向きアパート」を企画。２０１６年に1棟目のアパートを購入。以降、サラリーマンを続けながら「福祉アパート」として35戸を運営する。

おわりに　1万人の家主から学んだ成功の極意

読者の皆さんの中には、「不動産投資こそ有効な資産運用」との確信を深められるだろう、と期待して本書を手にとっていただいたのに、「不動産での資産運用はとても難しそうだ」と諦めてしまう人もいるかもしれない。

近年、融資の審査が緩和されていたこともあり、「不動産を購入して資産運用」は、「誰でも」「簡単」「お得」というイメージがかなり浸透してきていたため、これまで少しでも「不動産投資」についての情報に触れてきた人であれば、なおさらがっかりしたかもしれない。資産運用に経営の意識が必要なのか。それは資産運用の域を超えているのではないか。そんな疑問も持たれた方もいたのではないだろうか。

しかし、本書は、家主業について「やらない方がいい」と言いたいわけではなく、むしろ資産を増やす方法として有効だということを伝えたくて書いた。

私はこれまで多くの家主に会ってきて、家主になったことで家族関係が良くなった、自由な時間が増え趣味を楽しめるようになった、余計なストレスを感じずに生活できるようになった、そして幸せを実感しながら生活をしているという話も多く聞いてきた。経済基盤が安定すると、人は心に余裕を持ち、豊かな人生を送れるのだということを、経営が順調な家主に会うと感じてきた。

家主業のメリットは、基本的に従業員を雇うことなく、一人で経営できることだ。組織で、時には理不尽な仕事もさせられる経験を持つ多くのサラリーマンにとっては、自分の判断で経営できる家主業は、精神的ストレスが軽減されると感じられるだろう。従業員を雇う代わりに、多くの会社と取引をしながら、賃貸住宅の経営に当たる。特に管理会社は、まるで外部スタッフのように、わずか家賃収入の5％という管理料で動いてくれるのだ。こんないい商売は他にはないだろう。

それこそひと昔前は、大家さんというと「不労所得が得られる」といわれた。現在は人口が減少し、空室は増え、入居者の層も多様化し、世の中が複雑化したことで、経営の難易度は確実に上がっている。不労所得といえるほど楽な仕事ではなくなった。それでも、「住」という生活基盤を扱う商売なだけに、やり方さえ間違わなければ、本来、大損をするということはない。大損をして失敗する人たちの多くは、やり方を間違ったからだ。

失敗する人の共通点は、正しい知識を身につけていないこと、経営者としての自覚を持っていないこと、欲の皮が突っ張ってしまったことだろう。

家主業は「不労所得が得られる」といわれていた割には、いろいろな知識を必要とする商売だ。その知識を身につけずに始めるから失敗する。大体不動産業界は、多額の資金が動くだけに曲者が多い。2017年に積水ハウスがトラブルに巻き込まれた「地面師」の事件一つとってもそうだろう。大手住宅メーカーの積水ハウスでさえ、所有者を装った詐欺師グループを見抜けず、55億円もの損失を出した。

そんな世界に、素人が投資目的で不動産を購入しようと入ってくれば、いいカモがやってきたとばかりに狙う輩は多くいる。もちろん不動産業界もそれを容認しているわけではない。業界自体も、クリーンな取引ができるように努力はしているが、すぐに改善されるわけではないからこそ、業界についての知識を身につけることが重要であることを伝えたいのだ。

上っ面の投資ノウハウばかりに目が行き、本来知っておくべき業界の常識も含めた家主業に関する知識を持たない人が、２０１３年頃からの融資緩和で、不動産を購入し家主になった人に多いと感じる。

経営者の自覚を持たない人も失敗する。家賃収入があり、借金返済、経費を差し引いて、残ったお金をすべて自分の利益だと勘違いするのはその典型だろう。経営なのだから、本来であれば、将来の投資への内部留保をするべきなのに、使い込んで、いざ修繕などでお金が必要になったときに、その資金がなくて困る、などという話はよく聞く。株式投資などとは違い、事業だからこそ、将来その事業に使う資金をきちんとプールしておくことは当たり前のことである。不動産投資という言葉は、そういう認識さえも払拭してしまうため、勘違いする人が多いのだろう。

最終的には資産拡大を目的としている事業だからこそ、欲の皮が突っ張りやすく、結果として失敗する人もいる。大事なのは、「資産を増やす」といっても、どんな目的で、どの程度まで増やすのか、その目標を明確に設定することだ。

本書は、老後に不安を抱く人向けに書いた。老後、それぞれの人が理想とする生活を送るための必要資金をつくるために、不動産で資産を増やすという方法があることを伝える本だ。中には早くサラリーマンから卒業したいという目的に変わる人がいるかもしれないし、うまくいきだすと「富裕層になりたい」と考える人が出てくるかもしれない。目的を変更する際に、周りの目を意識しすぎていないかどうかが重要になってくる。

本来の目的は達成していたのに、周りの家主がどんどん不動産の所有戸数を増やしているのを見て刺激を受け、それほど増やさなくても十分だったのに、増やさないといけないという意識に駆られて買い続ける人もいる。買い続けることが悪いのではなく、無理が生じ、その無理が原因で、最終的に財産を失ってしまったという人も見てきた。

不動産で資産拡大に成功してきた人の共通点は、決して無理な不動産の購入はしないということだ。無理をしないために、自身で線引きの基準を持っている。家賃収入と返済比率の割合がこの程度になったら、いくらまでなら新規で購入しても大丈夫、預金が今このくらいあるから、金利がいくらの今なら買い時だという指標があると間違わないだろう。

本書で紹介した家主の方たちは、家主業を始める前の職業での経験を「知恵」に変え、自身の「哲学」として経営に生かしている。先人たちのノウハウを学ぶというよりはぜひその知恵を学んでいただきたい。その知恵こそ読者の方々が今後始める家主業に生かされると思う。

今回、私がこうした本を書けたのも、「週刊全国賃貸住宅新聞」という賃貸業界向け専門新聞と、「家主と地主」という賃貸不動産オーナー向け経営情報誌の取材で、全国にいるいろいろな人に出会えたことが大きい。２０１９年６月に永眠した亀岡大郎取材班の創業者で師・亀岡大郎氏から、常に「とにかくたくさんの人に会え」と言われ、17年間でおそらく1万人ほどの家主に会ってきたのではないだろうか。

普段の取材活動に協力いただいている業界関係者の方々、そして、特に本書で紹介させていただいた家主や不動産会社、専門家の方々には感謝の気持ちでいっぱいだ。

今回の出版のきっかけをつくっていただいた私が所属する亀岡大郎取材班グループの大先輩である経済ジャーナリスト・千葉明さんには大変ご尽力いただいた。また、本書の監修を引き受けてくださった大家さん専門税理士・司法書士の渡邊浩滋さんには大変お世話になった。そして、最後に出版元のプレジデント社の桂木栄一さん、なかなか計画通りに執筆が進まない私を懸命に励ましフォローしてくださった編集担当の阿部佳代子さんに御礼を申し上げたい。

２０２０年２月

永井ゆかり

著者

永井ゆかり　Yukari Nagai

全国賃貸住宅新聞社取締役
「家主と地主」編集長

1975年、東京都生まれ。日本女子大学卒業。1998年、「亀岡大郎取材班グループ」に入社。住宅リフォーム業界向け新聞、リサイクル業界向け新聞、ベンチャー企業向け雑誌などの記者を経て、賃貸不動産オーナー向け経営情報誌「家主と地主」編集長、賃貸住宅業界向け新聞「週刊全国賃貸住宅新聞」編集長を歴任し、2004年、全国賃貸住宅新聞社取締役に就任、現在に至る。新聞、雑誌の編集発行の傍ら、家主・地主や不動産会社向けのセミナーでの講演活動を行う。本書が初の著書となる。2児の母。

監修

渡邊浩滋　Kouji Watanabe

税理士、司法書士、宅地建物取引士
税理士・司法書士渡邊浩滋総合事務所代表

1978年、東京都生まれ。明治大学法学部卒業。税理士試験合格後、実家の大家業を引き継ぎ、空室対策や経営改善に取り組みV字回復をさせる。大家兼業税理士として不動産・相続税務専門の税理士法人に勤務後、2011年、同事務所設立、現在に至る。2018年、大家さん専門税理士グループ「Knees bee（ニーズビー）」を設立し、フランチャイズ展開を開始。『「税理士」不要時代』（幻冬舎）、『大家さんのための超簡単！ 青色申告』（クリエイティブ ワークステーション）、『大家さん税理士による 大家さんのための節税の教科書』（ぱる出版）、『税理士大家さん流 キャッシュが激増する無敵の経営』（ぱる出版）など多数の著書がある。

1万人の大家さんの結論！

生涯現役で稼ぐ「サラリーマン家主」入門

2020年4月7日　第1刷発行

著者　永井ゆかり
監修者　渡邊浩滋
発行者　長坂嘉昭
発行所　株式会社プレジデント社
〒102-8641
東京都千代田区平河町2-16-1平河町森タワー13階
https://www.president.co.jp
https://presidentstore.jp
電話　編集(03) 3237-3732
販売(03) 3237-3731
装丁　草薙伸行 ●Planet Plan Design Works
DTP　蛭田典子 ●Planet Plan Design Works
撮影　市来朋久
図表作成　大橋昭一 ●株式会社アドファーク
校正　株式会社ヴェリタ
編集　阿部佳代子
制作　関 結香
販売　桂木栄一　高橋徹　川井田美景　森田巌
末吉秀樹　神田泰宏　花坂稔
印刷・製本　中央精版印刷株式会社

ISBN978-4-8334-2342-7
Printed in Japan